奈良県立大学
ユーラシア研究センター学術叢書シリーズ3
vol.3

奈良に蒔かれた言葉Ⅲ
近世・近代の思想

奈良県立大学ユーラシア研究センター編著

由良哲次
（嶋田暁編『由良哲次博士を偲ぶ』
［由良大和古代文化研究協会、1996］より）

和辻哲郎
（国立国会図書館「近代日本人の肖像」より）

高濱虚子
（国立国会図書館「近代日本人の肖像」より）

前登志夫
（2007年1月 吉野みたらい渓谷にて）
（ご子息提供）

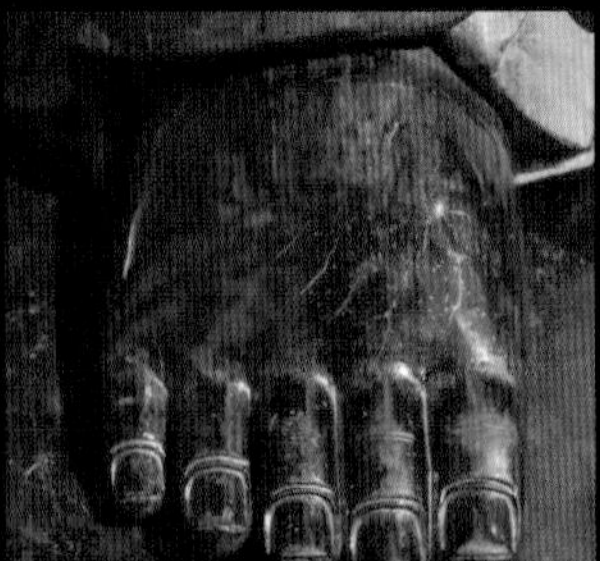

上　長谷寺 十一面観世音菩薩
下　磐石の足（長谷寺 十一面観世音菩薩）

（ともに奈良・長谷寺提供）

はじめに――始業のチャイム

では、講義を始めます。ゼミ並みの小さな講座ですが、かえって受講者のみなさんの顔が見えて、私としては助かっています。おや、いつも元気に質問してくれる学生さんが、今日は来ていないな、ということも分かりますし、なによりけっこう「際どい」話も、わりに気軽にできる。今回もそんな話から、ゆるゆる入っていくことにします。

さてこの講義。「文化イメージ論」を標榜していますが、メイン・タイトルは『奈良に蒔《ま》かれた言葉』です。これまで、たくさんの「言葉」が奈良の地に蒔かれてきたはずなのに、今を盛りに咲いているのは、いつも変わらぬ見慣れた「奈良」。例えば「古都」とか「まほろば」という言葉で形容される――そういうタームでしか形容されない――単調で「のっぺり」とした、そして凍り付いたように静的な奈良イメージです。

でも実際の奈良のまち、駅前や商店街や住宅地を歩けば、もっとエネルギッシュでアクティブな、さまざまな相貌を持った奈良に出逢っているはずです。

私は仮に、このような多様な奈良を複数形の「NARAS」と呼び、この講義では奈良に関わる――多くの場合、文字列で残されている――言説や思想を読み解いて発見しようと試みています。

「NARAS」が私たちに映らないのは、咲き誇る大輪の華《はな》が、小さい無名の花たちを覆い隠しているからだ、これが私の問題意識です。

その大輪の華の代表が、和辻哲郎の『古寺巡礼』と言えます。

実はこのあと、『古寺巡礼』の世界観についての優れた論考が展開されます。雄大な視点から俯瞰した『古寺巡礼』が魅力に満ちた書であることは疑いがありません。

しかし一方、虫眼鏡で——あら探しでもするように——観察すると、記述の片々に疑問ないしはＦａｋｅ（偽情報）すら見いだせてしまうことも、事実です。

たとえば、法隆寺のエンタシスへの言及や聖林寺の十一面観音立像の由来などは……。


……ふうふう。センセー、またまた持ちネタのワツジの悪口ですかぁ、ふうふう。

また、あなたですか。遅刻までして話の腰を折らないでください。

はあはあ。でも今回は止めた方が良いと思って、急いで走ってきたんですよぉ、ふうぅ〜。

そう……ですね。では『古寺巡礼』のＦａｋｅの告発は、稿——講——を改めることにして、ここでは『古寺巡礼』も多角的な視点から検証されなければならないでしょう、くらいに止めておきます。

それにしてもあなた、えらく息が弾んでますが。

ふう〜。ハシってきたんですよぉ。

どこから？

……vol.２から。


（編集責任者　中島敬介）

〈注記〉

1．本書に収録された論考は各執筆者からの寄稿と本研究会での講演内容を編集責任者が書き起こしたもので構成され、所属団体や奈良県立大学の公式的な見解を示すものではない。

2．文章は日常使われる標準的な日本語を用い、漢字は基本として常用漢字・音訓表に基づき、必要に応じて古語・外国語・ローマ字を使用した。ただし、文脈に関わるものについては執筆者の判断に委ねた。

3．固有名詞の表記は筆者・発話者の意向を尊重した。ルビは読みやすさを考慮して適宜付したが、特に人名、地名等の固有名詞に関しては、筆者・発話者の意向を尊重した。

4．固有名詞や事実関係については基本的に執筆者・発話者に委ねたが、執筆者等への聴き取りや必要な範囲での文献等による調査を加えた。この調査は、出典／専門用語／慣用句／その他各種の表現／誤字・脱字の確認とともに、現在も継続している。

5．本文の上段に入る注記は（注＋数字）、本文の最後に入る《注》は（数字）で記している。

なお、本書の内容に関するご質問・ご意見は、編集責任者にお寄せ下さい。

（編集責任者　中島敬介）

〈目　次〉

『古寺巡礼』で見出される世界——和辻哲郎覚書

植村　和秀

和辻哲郎肖像
（出典：国立国会図書館「近代日本人の肖像」
https://www.ndl.go.jp/portrait/）

はじめに

西洋文化に深い関心を持って、その上で日本に深い関心を持つことは、決して不自然なことではない。そのような展開は政治的な危機感によって、あるいは、欧米滞在時の経験によって後押しされることもあるであろう。また、自己の内面の淋しさや、連帯しうる仲間を求めて生じる場合もあるであろう。いずれにせよ、日本で生まれ育った人間が改めて深い関心を日本に持つことは、通常は、日本ネイションと自己との関係を問いなおしていくことになるはずである。なお、ネイションは日本語では国民、民族、国家などと訳されており、近代において一般化した共同性のあり方の代表的な一例である。

さて、近代におけるネイションの意味について、ドイツの歴史家フリードリヒ・マイネッケは、古典的名著である『世界市民主義と国民国家』で以下のように概括している。マイネッケは、文化に基づくネイションの形成が個々人の生活圏を広げる意味を持ち、個々人の個性的な活動に共同性の基盤を提供してくれることを指摘するのである。

「人間は、それによって自分を支えてもらうために、また自分の中に生きているものをその中に運び入れるために、共同体を必要とする。そして、自分自身が自律的になり個性的になればなるほど、人間は、ますます広くそして大胆に、自分に影響を及ぼしてほしいもの、またその中で自分の能力を発揮することを望むものの範囲を定め、この生活圏は、それだけいっそう豊かな内容とくっきりした輪郭とを与えられることになるであろう。そして、人間がその中に身を置くことのできる、比較的大きなあらゆる生活圏の中で、ネイションほど直接に全部の人間に話しかけ、全部の人間を強く支え、その自然的＝精神的な本質全体を忠実に再現するものは、またネイションほどに巨大人間であり強化された個体であるもの、もしくはそれになりうるものは、多分他にないであろう」。[1]

マイネッケが本書を刊行したのは明治40年（1907）であり、日本語訳の定本となったのは昭和3年（1928）の第7版である。マイネッケが主題としたのはドイツにおける世界市民主義思想と国民国家思想との複雑な関係であり、例えば第1部第6章では、哲学者のフィヒテの思想的展開がこの観点から分析されている。そこで強調されるのは、単純に敵対的とも調和的とも言えない両者の複雑な関係である。そのうえでマイネッケは、ネイション形成を評価する立場で論述を進めていくのである。[2]

ただしマイネッケは、昭和2年（1927）付の序言では、第一次世界大戦の経験を踏まえ、ネイションなどへのきわめて好意的な論述に留保を加えている。

当時わたしの判断をみちびいた究極の高い諸価値――国家、ネイション、人類――は、わたしにとっては、依然として揺るぎないものである。ただ、私はそれらの価値を当時はもっと明るい日の光の中に見ていたのに、今日では、それらが霧に包まれているのを見るのである。[3]

実際、マイネッケが大正13年（1924）に刊行した『近代史における国家理性の理念』の記述には、ドイツとヨーロッパの将来への危機感があふれている。マイネッケは、今や軍国主義、ナショナリズム、資本主義の三つの大波が、近代国家を翻弄し、破滅の淵へと押し流しており、指導的政治家はこの危機を直視して、真の国家理性の実現に、最も良心的に取り組まねばならないと警鐘を鳴らしていたのである[4]。

それでは、マイネッケがこれらの著書を刊行した時期に、和辻哲郎はどのような関係を日本ネイションとの間に構築したのか。以下では、大正8年（1919）に刊行された『古寺巡礼』について若干の検討を行なってみたい。和辻哲郎は、奈良の古寺を訪問して何を見出したのか、それをどのように伝えようとしたのか。結論から言えば、和辻が『古寺巡礼』で見出したのは世界であり、文化接触による新文化創造であった。そこには、和辻の心を満たす共同性の喜びと和辻の昭和期に及ぶ課題とがすでに現われていたように思われるのである。

『古寺巡礼』岩波文庫版

一　日本の過去に世界とのつながりを見出す

古寺巡礼の感激

和辻哲郎研究につきまとう難しさの一つに、改版などに際して和辻が実に細かく改訂を行ない、初版本などと全集との相違点がかなり多いことが挙げられる。『古寺巡礼』もその一例であり、全集に準拠する岩波文庫版とは別に、ちくま学芸文庫から『初版 古寺巡礼』が刊行されるほどである。ちくま学芸文庫は大正9年

（1920）刊行版を底本とするのに対して、岩波文庫は昭和36年（1961）刊行の『和辻哲郎全集』を底本とし昭和22年（1947）刊行版も参照するのである。(5)

和辻哲郎が『古寺巡礼』を岩波書店から刊行したのは、大正8年（1919）のことであった。同書は、大正7年（1918）5月の旅の記録として構成されている。旅行記の体裁の中に考察や分析が盛り込まれ、その語り口が本書の魅力となっている。

この旅で和辻が発見したのは、奈良の古い寺の魅力、仏像などの魅力である。読む人の目に浮かぶような綿密な記述は、学術的な旅行案内書のように感じられ、読者を奈良へと誘うものとなっている。その当時の感懐について、和辻は昭和21年（1946）付の改版序でこう述べている。

> この書の取り柄が若い情熱にあるとすれば、それは幼稚であることと不可分である。幼稚であったからこそあのころはあのような空想にふけることができたのである。今はどれほど努力してみたところで、あのころのような自由な想像力の飛翔にめぐまれることはない。そう考えると、三十年前に古美術から受けた深い感銘や、それに刺戟されたさまざまの関心は、そのまま大切に保存しなくてはならないということになる。(6)

そのうえで和辻は、「当時の気持ちを一層はっきりさせるため」に改訂を行なったと記している。(7)それでは、和辻が感激したものとは何だったのだろうか。以下では、主に『初版　古寺巡礼』からの引用によって、若き日の和辻の感激を検証してみることにしたい。

和辻が『古寺巡礼』で感激したのは、日本の過去が世界とつながっていたことであった。具体的には、憧れのギリシア文化がインド・西域・中国を経由し、仏教芸術（美術）として日本に到来したことへの感激である。(8) その際、和辻は宗教としての仏教に心動かされるわけではないとわざわざ強調する。しかも、奈良を訪れていながら、キリスト教の方にむしろ心動かされると記すのである。

阿弥陀浄土への強い願望が盛んに来迎の画を描かせていた時代には、西洋でも天上の楽園や天使の来迎の幻想が盛んに行なわれた。この二種の幻想を比較して見ることも僕には興味がある。奇妙なことに我々の内には、後者の方がより強いいのちをもって生かされている。ダンテの描いた幻想は我々の心をやすやすと彼岸の生活へ引き入れて行くが、我々の祖先の描いた弥陀の浄土は、まず我々に好奇の心を起させるばかりである。僕の少年の心はロセッチの描いたBlessed Damozelによって悲哀と歓喜との情緒を揺り動かされた。或は地上楽園の凱旋行列やベアトリッチェとの邂逅《かいこう》の場面を、夢にまで見ないではいられなかった。しかし弥陀の浄土を描いた阿弥陀経からも、蓮台《れんだい》にのった仏菩薩《ぶつぼさつ》の姿からも、曾《かつ》て感激をうけたことはなかった。その心は今もなお僕のうちに生き残っているのである。僕はこの差別を二種の幻想の異なった性質から説明し得ると信じている。そうしてそこに東西文化の異同を見ることも出来ると思う。(9)

この部分を岩波文庫版と比較してみると、いくつかの改訂を見出すことができる。「僕には興味がある」は「興味のある問題である」となり、「僕」という表現が削除されている。[10]これは、衣笠正晃の解説にある通り、「巡礼の現場における「僕」の生な感情の表現を、より落ち着いた客観的なものに変えた、あるいは消去した」一例なのであろう。[11]年を重ねた和辻は、若き日の情熱を、もっと学問に包み込みたかったのかもしれない。

他方、「奇妙なことに我々の内には」は、「実をいうとわれわれの内には」と改訂されている。[12]しかし、なぜここで和辻は、「僕」でも「わたくし」でもなく「我々」と記すのか。西洋の幻想に彼岸を思う人は、当時も今も、日本では非常に少数であるように思う。キリスト教の信者であるか、よほど西洋文化に傾倒した人でなければ、このような感懐を抱くことはないであろう。「我々」と書いて和辻が想定している相手、すなわち読者層は、おそらくは西洋文化に傾倒する人たち、知識人の一部なのであろう。

古美術への礼拝

もとより、和辻とキリスト教、仏教との関係は、単純な憧れや距離感に止まるものではないようである。木村純二は、和辻がキリスト教のことを真剣に考え、そのうえで『古寺巡礼』から程なく、「特定の信仰に至らないという己れの在りようを反転させ、いずれの宗教に対しても「特殊」なるものとして価値を認める人類の文化史研究という積極的な立場を確立した」と指摘している。[13]

『古寺巡礼』ちくま学芸文庫版

また、頼住光子は、和辻が仏教思想に第一高等学校生時代から関心を持ち、そのニーチェ解釈に仏教思想との関連が認められるのみならず、大正5年（1916）末の遊行寺での儀礼の体験が、その心に深く響いたとしている。[14] 頼住は、「ニーチェの説いた、宇宙に遍満する根源的に流動する力」を感得した和辻が、日本文化や古代日本仏教について盛んに執筆し、奈良の古寺でも「根源的力の体験」を重ねたことを指摘するのである。[15]

とまれ、ここではもう一個所、和辻の読者に対する弁明を引用しておこう。奈良に到着した日の夜、『初版 古寺巡礼』にはある「君」への言葉である。和辻は、奈良ホテルの食堂で西洋人の宿泊客の風体を観察し、あれこれと書き連ねた後、このように語りかける。


――奈良へ来てこんな事を面白がっているのを、君は驚くかも知れないが、

――或は、何が古寺巡礼だ、しゃらくさい、と云って怒るかも知れないが、

――それは大目に見て貰《もら》いたい。僕が巡礼しようとするのは古美術に対してであって、衆生《しゅじょう》救済の御仏《みほとけ》に対してではない。もし僕が仏教に刺衝《ししょう》せられて起った文化に対する興味から、「仏を礼する」心持になった、などと云ったならば、それこそ空言《そらごと》だ。たとえ僕が或仏像の前で、心底から頭を下げたい心持になったり、慈悲の心に打たれてしみじみと涙ぐんだりしたとしても、それは恐らく仏教の精神を生かした美術の力にまいったのであって、宗教的に仏に帰依したというものではなかろう。宗教的になり切るには、僕にはまだまだ超感覚的へ

の要求が弱過ぎる」。(16)

和辻がこのように語りかける読者が、仏教を経由して日本に関心を持つとは思われない。しかし、『古寺巡礼』で和辻が実践したように、西洋文化を経由してなら日本に関心を持つこともありうるであろう。木下杢太郎宛の手紙を書中に引用して、和辻は、薬師寺東院堂の聖観音（聖観世音菩薩像）を世界のさまざまな文化の中に位置付けて評価する。

神を人間の姿に現われしむるという傾向は、文化的には、「印度《インド》」を「希臘《ギリシア》」の形に現われしむるという事にもなると思います。聖観音はこの傾向の、かなり絶頂に近い所にあるのです。或《あるい》は絶頂なのかも知れません。従ってそれは希臘と対峙するものではなく、父印度母希臘の間から生れた新しい子供なのです。基督《キリスト》教芸術はその父親違いの兄弟なのです。この考《かんがえ》は私に異常に強い興味を起させます。(17)

さらに和辻は、法隆寺の柱が「著しいエンタシス」を持ち、「希臘建築との相似によって我々の興味を刺戟する」と主張し、「これを希臘美術東漸《とうぜん》の一証と見なす人の考《かんがえ》には充分同感が出来る」とする。(18) エンタシス説への賛同である。もとより、仏教芸術は現代風に言えばインドを基軸とするものである。しかし和辻によれば、ギリシア、ガンダーラ、ペルシア、西域、唐などの文化との接触によって、その芸術は発展し、古代の日本へと流入して、奈良の古寺にその実物を見ることができるのである。[19] 和辻は、日本の過去に世界とのつながりを見出し、その感激を読者に、特に西洋派の読者に伝えようとしていたのかもしれない。

二　外来文化の日本化に意義を見出す

「文化渾融」への視線

それでは、和辻は憧れの世界を古寺に見出しただけで満足したのであろうか。「印度西域の劇が希臘劇の伝統を引いた」というのは、「勿論それは空想である。しかしあり得ないことではない」。[20] こう嬉しそうに初版で語る和辻は、「僕の空想した聖観音の作者」は、ガンダーラ美術、グプタ朝の芸術、唐での生活経験を踏まえた「西域人である」と主張する。[21] 自由な空想は日本の中の世界を発見させ、和辻の言う「文化渾融」、[22] 現代風に言えば文化接触によるルネッサンスへとその視線を向けさせたのである。

こうして和辻は、外来文化の日本的変容の過程に注目する。和辻は、文化接触による文化創造が日本でも起きたことに注目し、外来文化の日本化に意義を見出すのである。法隆寺金堂壁画を論じて、和辻は、まずはギリシアとの遠いつながりを主張していく。

ガンダーラの直立した、衣の厚い菩薩像よりは確かにアジャンターの画の方がこの観音に近い。だからこの壁画がグプタ朝絵画の流《ながれ》をくんだものであることは確かであろう。このことはなお首かざりや衣の模様などからも証明せられる。しかしグプタ式であるということは、直ちに希臘《ギリシア》芸術の流をくんだものでないということにはならない。グプタ朝芸術は恐らくガンダーラ美術の醇化《じゅんか》である。或《あるい》はまた、希臘精神の印度に於ける復興である。そもそも偶像礼讃の風が既に希臘の伝統ではないか。確かに印度人はそれを自分のものにした。そうして自分の趣味に基いて発達させた」(23)。

和辻は、ギリシアとの文化接触による新しいインド文化の創造を評価したうえで、この壁画に新しい日本文化の創造を感じ取っていく。そこに、「日本人の趣味」の影響を読み込んでいくのである(24)。

……もしこの画の気韻《きいん》に西域画と異なるところがないという人があれば、僕はただ驚く。――この画は外国人の作であったかも知れない。しかしたとえ外国人であっても、それは唐に於て容《い》れられず、日本にその適応する地を見出した人でないとは云えまい。……天才は常に時流に先だつものである。公衆はそれに目を開かれ、そうして自分の心を表現して貰《もら》ったように感ずるのである。……中宮寺《ちゅうぐうじ》観音と支那六朝《りくちょう》の石仏との間に著しい相違を認める人は、この画が初唐の画でありながらしかも気韻に於てそれと相違することの可能をも認めなくてはなるまい(25)。

『古寺巡礼』改訂版（岩波書店、1947）

ここで和辻は、再びギリシアに戻る。和辻は「気候や風土や人情に就《つ》いて、あの広漠たる大陸と地中海の半島とが恐らく多くの差異点を持っているに反し、日本と希臘とは極めて相近接しているとも考えられる」とし、「大陸を移遷する間に遂《つい》に理解せられなかった心持が、日本に来《きた》って初めて心からな同感を見出したというようなことも、あり得なくはないと思う」とする。[26] 和辻はどうしても、日本の中にギリシア文化を見出したいようである。

日本的特質の感取

そのうえで和辻の筆は、仏教の日本化への評価に進む。中国やインドに比べて日本の独創力は「貧弱」であったとしつつも、この壁画に日本的特質を読み込んでいくのである。

しかし己を空しゅうして模倣につとめている間にも、その独自な性格は現われぬわけに行かなかった。もし日本の土地が、甘美な、哀愁に充ちた叙情詩的気分を特長とするならば、同時にまたそれを日本人の気禀《きひん》の特質と見ることも出来よう。『古事記』の伝える神話の優しさも、中宮寺観音に現われた慈愛や悲哀も、恐らくこの特質の表現であろう。そこには常に涙がある。その涙があらゆる歓楽にたましいの陰影を与えずにはいない。だから印度の肉感的な画も、この涙に濾過せられる時には、透明な美しさに変化する。そうしてそこに希臘人の美意識が遥かなる兄弟を見出すのである。[27]

さらに和辻は、中宮寺観音（菩薩半跏像・伝如意輪観音）を論じて、日本文化の創造の偉大さを強調する。世界の発見のみならず、世界に誇りうる文化的創造の発見を読者に伝えんとするのである。

僕の知識の乏しさは、反《かえ》って容易に結論を摑《つか》ませる。およそ愛の表現としてこの像は世界の芸術の内に比類のない独特なものではないか。これより力強いもの、威厳のあるもの、深いもの、或はこれより烈《はげ》しい陶酔を現わすもの、情熱を現わすもの、──それは世界に稀《まれ》でもあるまい。しかしこの純粋な愛と悲しみとの標号は、その曇りのない専念の故《ゆえ》に、その徹底した柔かさの故に、恐らく唯一な味を持つ。その甘美な、牧歌的な、哀愁の沁みとおった心持が、もし当時の日本人の心情を反映するならば、この像はまた日本的特質の表現である。古くは『古事記』の歌から新しくは情死の文学まで、物の哀れとしめやかな愛情とを核心とする日本人の芸術は、既《すで》にここにその最もすぐれた最も明《あきら》かな代表者を持っているのである。(28)

和辻にとって、中宮寺観音とは「人間心奥の慈悲の願望」が表現されたものであった。(29)それは、「物の哀れとしめやかな愛情とを核心とする日本人の芸術」を代表するものであり、この「願望と、それから流れ出るやさしい心情」が「法然・親鸞の宗教」でも「平安朝の小説」でも、その基調となっている、とするのである。(30)

ただし和辻は、この創造の限界もあわせて強調する。和辻は、日本的特質が日

『古寺巡礼』中扉（岩波書店、1947）

本の歴史の中で十分に展開してこなかったのではないかと問題提起するのである。「時々閃めいて出た偉大なものもあまりに尾を引かなさ過ぎはしないか」と問いかける和辻は、それを「開展のないVariation」と呼ぶ[31]。この「深化の努力の欠乏」は、過去のみならず「目前の日本人にも著しい」とし、それを「あの特質が必然に伴った弱点」ともするのである[32]。

これらの記述は、岩波文庫版では「時々ひらめいて出た偉大なものがあったにしても、それが一つの大きい潮流となることはなかったのではないか」と修正される一方、「深化の努力の欠乏」は変更されず、最後の引用は「あの特質が必然に伴っている弱点」と現在形にされている[33]。昭和戦前期の日本では、日本的特質は国体や日本精神と呼ばれてきわめて高く評価されていた。その時期を過ぎても、和辻の考える弱点は改善されることがなく、むしろますます懸念が深まった、ということなのかもしれない。

文化的創造への評価

いずれにせよ、インドがギリシア・ガンダーラを、中国がギリシア・仏教を醇化したように、外来文化を摂取して醇化した日本で文化が活性化し、天平白鳳の仏教芸術が花開いたとの主張に変わりはない。深化に物足りなさはあるにしても、和辻は外来文化の日本化に意義を見出す。それゆえ、『万葉集』よりも仏教芸術を高く評価するのである[34]。

外来文化の咀嚼《そしやく》が殆《ほと》んど万葉に認められないからと云って、天平時代の人々が外来文化を全然咀嚼しなかったと断ずるのは早計である。たとえ宗教としては祈祷教以上に出でなかったとしても、とにかくあれだけ巨大な堂塔仏像が造られたからには、心からな興奮がなくてはならぬ。また寺塔仏像の美に対して殆んど心を動かさなかった人々が、たとえ御利益のためとは云っても、あれほどの困難をおかしてまで規模を拡大しようとする筈がない。もとより仏教芸術の製作も受用も支那の模倣であって日本人固有のやり方ではなかった。それに比べれば『万葉』には日本人固有の感じ方が出ている。しかし西洋の様式を学んだ日本人の油絵が日本人の芸術であり、しかも固有の日本画よりもより好《よ》き芸術である如く、唐風《からふう》を模した日本人の仏像寺塔も亦《また》日本人の芸術であって『万葉』の歌以上の価値を持っているということは云えないだろうか。僕は固有の日本人の「創意」にこだわる必要を見ない。天平の文化が外国人の共働によって出来たとしても、その外国人がまた我々の祖先となった以上は、祖先の文化である点に於て変りがない。『万葉』は貴い芸術であるが、文化の表徴としては部分的のものに過ぎぬ。(35)

和辻にとって、文化接触による新文化創造はきわめて貴いものである。天平芸術はそれゆえに、和辻によって高く評価される。和辻は、聖林寺の十一面観音立像や東大寺法華堂(三月堂)の梵天像には「天平特有の雄大な感じのうちに、唐の遺物に見られない細やかさと柔かさとが認められる」とし、日本的特質が「全然形を変えて、内から働き出し、唐の様式の上に別種の趣を加えていると思う」と評価する。(36)和辻はさらに、そこに日本の自然の影響を感じ取る。

……これらの最初の事象を生み出すに至った母胎は、我国のやさしい自然であろう。愛らしい、親しみ易《やす》い、優雅な、そのくせいずこの自然とも同じく底知れぬ神秘を持ったわが島国の自然は、人体の姿に現わせばあの観音となるほかはない。自然に酔う甘美なこころもちは、日本文化を貫通して流れる著しい特長であるが、その根はあの観音と共通に、畢竟《ひっきょう》我国土の自然自身から出ているのである。葉末の露の美しさをも鋭く感受する繊細な自然の愛や、一笠一杖《いちりゅういちじょう》に身を託して自然に融け入って行くしめやかな自然との抱擁や、その分化した官能の陶酔、飄逸《ひょういつ》なこころの法悦は、一見この観音と甚《はなは》だしく異なるように思える。しかしその異なるのはただ注意の方向の相違で、捕えるところの対象こそ差別があれ、捕えにかかる心情には極めて近く相似るものがある。母であるこの大地の特殊な美しさは、その胎より出た子孫に同じき美しさを賦与した。我国文化の考察は結局我国自然の考察に帰って行かなくてはならぬ。(37)

この総括部分は、岩波文庫版でも若干の字句の修正があるのみで大きな変更はない。これが和辻の一つの結論なのであろう。こうして和辻は、奈良で過去よりも世界を幻視し、芸術的活力を日本化に認めて評価する。日本の過去は世界とのつながりで好意の対象となり、文化的創造によって高く評価されたのである。深化に物足りなさは感じつつも、止まらない探究心は日本に向かい、和辻は大正9年（1920）に岩波書店から『日本古代文化』を刊行する。歴史と自然への関心が人間生活の形の多様性として把握される『風土』の刊行は、昭和10年（1935）である。

三　昭和戦前期の和辻哲郎

西洋文化の摂取醇化

昭和10年（1935）に文部大臣管轄の教学刷新評議会の委員になった際、和辻が第3回総会で述べた意見は以下のようなものであった。

先立っての文部大臣の演説、若くは教学刷新評議会の趣旨等に繰返し述べられたる事でありますが、教学刷新の必要と云ふ事が起って来た其根本の理由或は根本の弊害は西洋文化の咀嚼消化の不十分と云ふことが認められて居るのであります。是は私は心から賛成する所でありまして、一切の学問及び教育に於ける刷新を要する点は、此根源を此点に有って居る様に考へられます。何故しかし西洋文化が十分咀嚼されなかったか、消化不十分であったか、其原因を考へますと、要するに明治以後日本に於て精神文化を研究する学問が非常に不振であった、所謂精神科学が非常に発達しなかったと云ふ点にある様に私には考へられる。(38)

こう述べて、和辻は研究の設備も学者の学説も「殆んど今の文明国としては恥づべき程に遅れて居る」とし、現状は「欧米諸国に対して」のみならず、日本の過去と比べても劣っていると批判する。[39] 日本人には西洋文化を咀嚼消化することが不可能なのではなく、「其十分咀嚼し得る素養を発展させる」努力が足りなかったとし、文部大臣に改善への尽力を要望するのである。[40]

この評議会で松田源治文部大臣は、外来文化の全面的排斥を目指すものではないと言明し、[41] 翌年10月に決定された答申にも「益々欧米文化を摂取醇化し、我が国特有の博大なる文化の創造を目的とするものにして、欧米文化の排斥或は軽視に陥らざるを要す」との文言が入れられている。[42] この方針は文部省による『国体の本義』編纂にも継続され、昭和12年（１９３７）年3月刊行の『国体の本義』の緒言には、編纂の趣旨が以下のように説明されている。

久しく個人主義の下にその社会・国家を発達せしめた欧米が、今日の行詰りを如何に打開するかの問題は暫く措き、我が国に関する限り、真に我が国独自の立場に還り、萬古不易の国体を闡明し、一切の追随を排して、よく本来の姿を現前せしめ、而も固陋を棄てて益々欧米文化の摂取醇化に努め、本を立てて末を生かし、聡明にして宏量なる新日本を建設すべきである。即ち今日我が国民の思想の相剋、生活の動揺、文化の混乱は、我等国民がよく西洋思想の本質を徹見すると共に、真に我が国体の本義を体得することによってのみ解決せられる。而してこのことは、獨り我が国のためのみならず、今や個人主義の行詰りに於てその打開に苦しむ世界人類のためでなければならぬ。ここに我等の重大なる世界史的使命がある。[43]

もとより、このような言明や説明が、昭和10年代に実質的にどのように変質していくかは別問題である。いずれにせよ、かつて東洋文化を摂取醇化したように、今こそ西洋文化を摂取醇化して、新しい日本文化を創造していこうという趣旨自体は、文部省と和辻とで共有できるものではあった。ただし、問題は国体である。『国体の本義』の結語には、以下のような説明がある。

我が国に輸入せられた各種の外来思想は、支那・印度・欧米の民族性や歴史性に由来する点に於て、それらの国々に於ては当然のものであったにしても、特殊な国体をもつ我が国に於ては、それが我が国情に適するか否かが先づ厳正に批判検討せられねばならぬ。即ちこの自覚とそれに伴ふ醇化とによって、始めて我が国として特色ある新文化の創造が期し得られる。[44]

新しい日本文化の創造

この国体の本義を真剣に考え、それをどのように読者に伝えるかが、本来は最重要課題であるはずである。それゆえ和辻にとって、文部省の取り組みは、欧米諸国の精神科学に劣らない、優れた日本の学問をここから発展させていく決意を持たなければならないものであった。はたして文部省の国体明徴政策は、新日本文化の創造を真に目指すものだったのであろうか。

苅部直は、和辻が昭和9年（1934）公表の諸論考で「排外主義的態度」を批判し、「世界文化のコスモポリタニズムの理想郷が「日本文化」の小宇宙に内在しうると説いた」と指摘している。[45] 苅部によれば、その特性を活かして「西洋文化の「合理性」を導入せよと説くのが、以後、戦時中から戦後にかけての和辻の議論の基調をなす」のであり、[46] その路線上に教学刷新評議会や『国体の本義』での和辻の態度は位置付けられうるのである。[47]

和辻からすれば、文部省が外来文化の日本化に意義を見出すのであれば、世界を排斥せず、創造的たらんとすることへの真剣な探究を行なうべきである。日本と世界との創造的なつながりを実現できるかどうかが、文部省の国体明徴政策の成否を左右する要点となるからである。そのためには、日本国民を新文化創造へと引き寄せて協働していくことまでも文部省は視野に入れなければならない。新文化創造には自発的な担い手が欠かせないからである。

文部省は昭和11年度に『国体の本義』を編纂し、和辻はその編纂委員に就任する。14名の編纂委員には、東京帝国大学文学部から教育学と国史学の名誉教授、国文学と美学美術史とインド哲学の教授が入っており、編纂のまとめ役は国文学の久松潜一教授である。[48] なお、文部省側の実務責任者と推定される小川義章思想課長は哲学科の卒業である。和辻の委員選任には、東京帝国大学文学部倫理学の教授であることがその理由としてあったであろう。

この編纂に際して、国体の本義要綱草案に書面で意見を求められた和辻は、「特に国体概念の根本的規定等に於て現代の日本インテリゲンチャを納得せしめる様論述し得るか否かは相当重大なる問題と存候」と小川思想課長に返信している。(49)『古寺巡礼』の初版に出てきた「何が古寺巡礼だ、しゃらくさい」と言いそうな読者、おそらくは西洋派の読者をも日本ネイションへの自発的貢献に誘えるだけの説得力を、和辻は文部省に求めたのである。

しかし文部省としては、年度内刊行という官庁の事業としての制約と、帝国議会や陸軍などから早急な対応を要求されている政治的事情もあり、拙速であってもすぐに完成させる必要があった。昭和11年（１９３６）7月に開いた編纂委員会での趣旨説明後は、翌昭和12年2月の2日間にわたる編纂委員会で対面の検討は終了し、他は書面のやり取りで編纂は進行する。土屋忠雄は、2月の委員会で「和辻哲郎委員は、自己の提出した修正案が、必ずしも十分に理解されず、また、記・紀の取扱いに不満を抱き、憤満の言を吐き捨てて去った」との関係者の証言を得ている。(50)『国体の本義』の刊行は、奥付では同年3月30日である。

おわりに

和辻の日本ネイションへの関係には、自己の共同性を発見したことへの喜び、その共同性に創造的に貢献できることへの喜びが感じられる。本稿冒頭で紹介したように、マイネッケは、「人間は、それによって自分を支えてもらうために、また自分の中に生きているものをその中に運び入れるために、共同体を必要とする」と説き、「自分自身が自律的になり個性的になればなるほど、人間は、ますます広くそして大胆に、自分に影響を及ぼしてほしいもの、またその中で自分の能力を発揮することを望むものの範囲を定め、この生活圏は、それだけいっそう豊かな内容とくっきりした輪郭とを与えられることになるであろう」としていた。和辻はまさに、自己が「自律的になり個性的になればなるほど」、とりわけその著作によって、日本ネイションに「いっそう豊かな内容とくっきりした輪郭とを与え」たのである。

和辻の数々の著作は日本ネイションを文化的に具象化させ、日本ネイションと呼ばれる共同性との関係構築に多くの読者を誘っていった。『古寺巡礼』もそのような1冊である。そこでは世界の日本との関係が肯定的に理解され、外来文化が日本ネイションの文化的形成に貢献したことが強調されている。この姿勢は昭和期にも継続し、日本ネイションの新たな文化的形成のために、世界との関係が重視されたのである。ウィリアム・R・ラフルーアは、和辻が昭和25年(1950)刊行の『鎖国――日本の悲劇』でも、「他国の文化に対する歴史的に明らかな開放性とそれらから学ぼうとする日本人の意思」を重視し、それを日本と自己に共通する姿勢としていたことを指摘している。[51]

もとより、和辻が現実の日本に対して楽観的であったとは言えないであろう。市倉宏祐は、「現実の日本との間に違和感」を感じる和辻は、「その齟齬《そご》をどうするか」を生涯の課題としたとしている。[52] ただ、「生殺与奪を左右し死の〈闇〉をもたらす側面での政治の影」を和辻の筆は描き出さないとの苅部直の指摘も重要である。[53]

和辻の『古寺巡礼』は、世界市民主義思想と国民国家思想の日本での関係を示す一例であったように思われる。しかし、軍国主義、ナショナリズム、資本主義の三つの大波は、すでにこの頃の日本にも到来していた。『古寺巡礼』の刊行から8年半後に、マイネッケは「国家、ネイション、人類」という諸価値が「霧に包まれているのを見る」と記さざるをえなくなっている。過酷さを増す現実を前にして、和辻の世界はどのような輝きを残し、どのような輝きを失っていったのであろうか。

＊本稿への引用に際して、漢数字はアラビア数字に、旧字体は新字体に、カタカナはひらがなに表記を一部改めている

《注》

1. フリードリヒ・マイネッケ、矢田俊隆訳『世界市民主義と国民国家―ドイツ国民国家発生の研究』I、岩波書店、一九六八年、九頁。Friedrich Meinecke, Weltbürgertum und Nationalstaat, Werke Bd. V, München, 1969, S.15f. 以下、日本語訳の「国民」は「ネイション」に変更し、他も文脈に即して改めている。マイネッケに関しては、拙稿「「ネイション」への問いとその実践的意義―学問、ヴィッセンシャフト、公共性」『京都産業大学世界問題研究所紀要特別号『世界秩序の転形期における国民国家』（一九九八年九月）参照。
2. 例えば、『同』、一二七～一二八頁参照。
3. 『同』、v頁。Meinecke, op.cit. S.4.
4. マイネッケ、菊盛英夫・生松敬三訳『近代史における国家理性の理念』、みすず書房、一九七六年、五七一頁参照。Meinecke, Die Idee der Staatsräson in der neueren Geschichte, Werke Bd. I, München-Wien, 1976, S.495.
5. 和辻の改訂の事情や特徴については、谷川徹三「解説」、和辻哲郎『古寺巡礼』、岩波文庫、

一九七九年。衣笠正晃「解説『初版 古寺巡礼の魅力』」、和辻哲郎『初版 古寺巡礼』、ちくま学芸文庫、二〇一二年をそれぞれ参照されたい。

6．『古寺巡礼』、岩波文庫、七頁。

7．『同』、八頁。

8．市倉宏祐は、「憧れの世界」であるギリシアと古代日本がつながり、日本は和辻にとって「憧れと安らぎを2つながら実現する国になったともいえる」と指摘している。市倉宏祐『和辻哲郎の視圏—古寺巡礼・倫理学・桂離宮』、春秋社、二〇〇五年、六四、七七頁。

9．『初版 古寺巡礼』、二一六頁。

10．『古寺巡礼』、二二二頁

11．衣笠正晃「解説『初版 古寺巡礼の魅力』」『初版 古寺巡礼』、三〇一頁。

12．『古寺巡礼』、二二二頁

13．木村純二「宗教と学問と—和辻の宗教性をめぐって」木村純二・吉田真樹編『和辻哲郎の人文学』、ナカニシヤ出版、二〇二一年、五三頁。木村は特に大正一〇年執筆の「「沙門道元」の間に」での考察を紹介している。『同』、四八～五二頁参照。

14．頼住光子「和辻哲郎と仏教—初期の作品・資料を手がかりとして」『同』、二一七～二三二頁参照。

15．『同』、二三二頁。

16．『初版 古寺巡礼』、三七頁。この一節は岩波文庫版では、冒頭の「君」への語りかけがすべて削除され、僕ではなく「われわれが巡礼しようとするのは」と改訂されている。「もし僕が」から「空言だ」までの一文も削除され、僕ではなく「われわれ」が仏像の前に頭を下げたくなるのは、それは「美術の力にまいった」からだととなっている。語りかけの印象が弱められ、客観的な指摘の印象が強められたように感じられる。『古寺巡礼』、四〇～四一頁参照。

17．『初版 古寺巡礼』、二〇一～二〇二頁。『古寺巡礼』、二〇八頁参照。

18．『初版 古寺巡礼』、二五一頁。『古寺巡礼』、二六一頁は、「相似によって」ではなく「関係を思わせて」となっている。

19. 和辻の考える文化接触については、『初版 古寺巡礼』、一〇四～一一〇、一九五～一九九頁、『古寺巡礼』、一一三～一一八、二〇一～二〇五頁参照。

20. 『初版 古寺巡礼』、一〇五頁。岩波文庫版では「勿論」以下は削除され、彫刻のように現物を検証することはできないが、彫刻の場合とほぼ同様の関係があったと思う、と改訂されている。『古寺巡礼』、一一三頁。

21. 『初版 古寺巡礼』、一九九頁。『古寺巡礼』、二〇五頁参照。

22. 『初版 古寺巡礼』、一〇七頁。『古寺巡礼』、一一五頁参照。

23. 『初版 古寺巡礼』、二六四～二六五頁。『古寺巡礼』、二七七頁参照。

24. 『初版 古寺巡礼』、二六六頁。『古寺巡礼』、二七九頁参照。

25. 『初版 古寺巡礼』、二六七頁。『古寺巡礼』、二七九～二八〇頁の記述はかなり改訂されている。

26. 『初版 古寺巡礼』、二六七～二六八頁。『古寺巡礼』、二八〇頁参照。

27. 『初版 古寺巡礼』、二六八頁。『古寺巡礼』、二八〇～二八一頁参照。

28. 『初版 古寺巡礼』、二八九頁。『古寺巡礼』、三〇一～三〇二頁参照。

29. 『初版 古寺巡礼』、二八九頁。『古寺巡礼』、三〇一頁参照。

30. 『初版 古寺巡礼』、二八九～二九〇頁。『古寺巡礼』、三〇一～三〇二頁参照。

31. 『初版 古寺巡礼』、二九〇頁。

32. 『初版 古寺巡礼』、二九〇頁。

33. 『古寺巡礼』、三〇二頁。

34. 佐藤康邦は、『古寺巡礼』で和辻が評価した芸術作品は普遍性を有すとされるものであり、「決して地方的特徴として日本的特徴を備えたものなどでは」ないと強調している。佐藤康邦「西洋の呪縛からの解放―和辻における回帰と普遍志向」佐藤康邦・清水正之・田中久文編『甦る和辻哲郎―人文科学の再生に向けて』、ナカニシヤ出版、一九九九年、九八頁。

35. 『初版 古寺巡礼』、一四〇～一四一頁。『古寺巡礼』、一四五～一四六頁参照。

36．『初版 古寺巡礼』、二九一頁。『古寺巡礼』、三〇三頁参照。
37．『初版 古寺巡礼』、二九一～二九二頁。『古寺巡礼』、三〇四～三〇五頁参照。
38．『教学刷新評議会資料』上、芙蓉書房出版、二〇〇六年、一五九～一六〇頁。なお、和辻の発言は、欠席して代読された西田幾多郎の意見、出席して発言した田邊元の意見を承けてのものである。和辻の意見の文脈については、拙稿「『國體の本義』と文部省の政策志向性」『藝林』第七一巻第二号（二〇二二年一〇月）、一九頁参照。
39．『教学刷新評議会資料』上、一六〇頁。
40．『同』上、一六〇頁。
41．『同』上、二八頁参照
42．『同』下、四五一頁。
43．文部省編纂『國體の本義』、内閣印刷局印刷発行、一九三七年、六頁。
44．『同』、一四三頁。
45．苅部直『光の領国　和辻哲郎』、岩波現代文庫、二〇一〇年、一九九、二〇二頁。
46．『同』、二〇二頁。
47．『同』、三〇一頁。
48．志田延義『昭和の証言』、至文堂、一九九〇年、三一～三四頁参照。
49．小川義章宛書簡（一九三六年七月）『和辻哲郎全集』第二五巻、岩波書店、一九九二年、五八三頁。
50．土屋忠雄「「国体の本義」の編纂過程」『関東教育学会紀要』第五号（一九七八年一一月）、一〇頁参照。
51．ウィリアム・R・ラフルーア「廃墟に立つ理性—戦後合理性論争における和辻哲郎の位相」テツオ・ナジタ・前田愛・神島二郎編『戦後日本の精神史—その再検討』、岩波書店、一九八八年、一三〇頁。
52．市倉宏祐『前掲書』、七八頁。
53．苅部直『前掲書』、二五四頁。

歌の場 ——前川佐美雄と前登志夫

櫟原　聰

1　前川佐美雄の野

前川佐美雄はさかんに野を歌った。

月の夜の野みちにたつて鏡出ししろじろとつづく路うつし見る
（「深夜の散歩」『植物祭』）

このように、シュールレアリスムの作風をもった初期作品にも野が見られる。

野の草がみな目玉もちて見るゆゑにとても独《ひとり》で此処《ここ》にをられぬ
（「草木の牧歌」）

というかにも『植物祭』らしい異常なまでの鋭い感覚の歌にも野が出てくる。

前川佐美雄は明治36年（1903）奈良県南葛城郡忍海《おしみ》村（現葛城市）生まれで、前登志夫が「師匠は地主であり、貴族である。わたしは山人であり、土民である。」（「方術師の飛行」『山河慟哭』）と書いた、前川家の本家の長男として生まれた。大阪と奈良の境、葛城山脈のふもとの大地主である。

野にかへり野に爬虫類をやしなふはつひに復讐にそなへむがため（『白鳳』1936年）

前川佐美雄『大和まほろばの記』
（角川選書136、1982）

佐美雄の代表作品の一つであるが、この野は、一般名詞であるとともに、やはりみずからの生活圏の野でもあったろう。前川作品に頻出する野。これと吉野との関連については後述する。歌集において見ると、時代的には歌集の刊行順に、昭和5年（1930）『植物祭』、昭和15年（1940）『大和』、昭和16年（1941）『白鳳』、昭和17年（1942）『天平雲』、昭和18年（1943）『春の日』となる。制作順では、春の日、植物祭、白鳳、大和、天平雲となる。白鳳、天平という歌集名が興味深い。

「野」については、『春の日』の「枯野の歌」に十首見られるのをはじめとして、『植物祭』「闘争」では「草原」が十一首、『白鳳』「億萬」に「野」が八首など、その他「野」に関連する歌が多数見られる。

このような前川の「野」については、三枝昂之に「野の発見」（『前川佐美雄』）があって、丁寧に言及されている。掲出歌の「復讐」については「復讐心が感覚的なものだったり、一過的なものだったり、そういうものでないよ、という感触を読めばいい。心底からのものであり、時間に風化するものではないよといった気配」と書いている。確かに今日読んでも響いてくる強い言葉「復讐」とは、では何に対するものであったのか。三枝は「表層的な都市文化への批判、近代という時代への憎悪」は考えられるがそれでは「復讐心の根深さ」は「痩せてしまう」という。揺るぎなき復讐心が野という場と結びついたことが大切で、「自身の立脚点としての野という場の発見」があり、これが歌集『白鳳』の最も大きな意義だとする。

「復讐」を同郷の士といえる保田與重郎に探れば、「白鳳の精神」（『新潮』1936年7月）に「今日さへ封建的遺風にとみ、アジア的復讐精神にとむ人々は、今日の

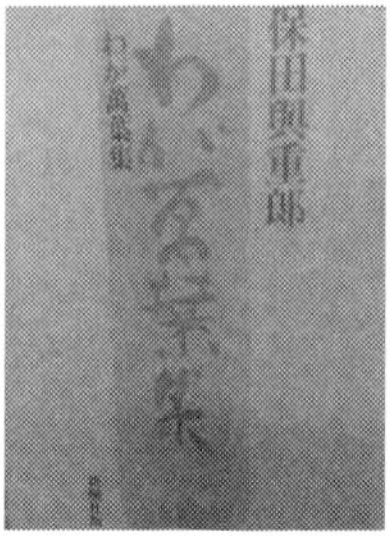

保田與重郎『わが萬葉集』
（新潮社版、1982）

言葉でいふ『反日本主義』の名のもとに、文化上のアジア的遠征を日夜に敢行して」いる、とし、このような封建的遺風の中では、白鳳天平の諸芸の前に立って絶望を感じる、という。

この復讐精神は、保田にあってはアジア的なもので、反日本主義であり、白鳳天平的なものとは反対のもの、ということになるだろう。前川にも見られる白鳳天平的なものとは、その奥にはさらにギリシャ的なものがあるかもしれない。早くからヘルダーリンに傾倒していた保田の理想とするものがあるだろう。しかしながら、川村二郎が保田を論じた『イロニアの大和』は、「天平時代を保田與重郎は厳しく裁断している」とする。この時代の醜悪な権力闘争。長屋王の失脚、藤原広嗣の反乱、道鏡の台頭など、保田が「醜汚」「歴史汚点」と呼ぶ時代の変転する現象があった。保田にとって天平は必ずしも理想的世界ではなかったようだ。アンビバレンツなものがあったのか。

さてでは、前川佐美雄の場合はどうか。佐美雄の白鳳、天平は、このような時代性よりも、仏像などの芸術性において見る、理想像があったと思われる。掲出歌について、伊藤一彦は、「哺乳類の頭目たる人間に対する、すでに滅びたもの、いま滅ぼされつつあるものからの『復讐』を歌った作」（『前川佐美雄』）と書いている。保田のような政治思想的なものではなく、生物的、生命的なもので、「ぞろぞろと鳥けだものをひきつれて秋晴れの街にあそび行きたし」（『植物祭』）と歌ったことと同じものがあるだろう。第一歌集名『植物祭』が如実に語る生命賛歌。白鳳、天平もその生命的なものの美的表現世界であり、復讐精神もほぼそのような、生命を圧迫するものへの「復讐」と考えられる。そしてこれは今日の地球問題に通じるものをもっているのではないか。

植物はいよいよ白くなりはてても はや百年野にひとを見ず　（『白鳳』）

人のいない植物だけの世界。これは逆説的な理想世界像だろう。

野にかへり春億萬の花のなかに探したづぬるわが母はなし　（同）

先の掲出歌と「野にかへり」をともにする歌における花の世界は理想郷だが、そこに母はない。もはや孤立無援の自己あるのみである。

三枝によれば「昭和五年にモダニズム短歌を開花させ、大和へ帰郷すると新古典主義を標榜して、大和の歴史風土の中に反骨的なモダニズムを根付かせようとした。それに時代圧力に対する危機意識が加わったのが昭和十四年作品」とされる。『大和』におけるこのような反骨意識は、『白鳳』『天平雲』においても見られよう。

春がすみいよよ濃くなる真昼間のなにも見えねば大和と思へ
（『大和』1940年）

この代表歌のように、理想的な「野」の世界は、野そのものが湿潤であるとともに、

前登志夫（吉野にて）

湿潤な大和の野でもあった。和辻のいうモンスーンの風土世界である。（和辻のモンスーンについては後述する。）

ひとたびは音立てて清く流らへとあるひはねがひ沼の辺《へ》に立つ　（同）

このような水の世界は、モンスーン的と言えるだろう。前登志夫とも共通する水の世界がある。晩年の前登志夫がよく歌った「沼」の世界がある。前登志夫の沼は無意識の世界を孕んでいて、それはかつて論じたものであるが、ここでは風土的共通性を見ておきたいと思うのである。

2　前川佐美雄と前登志夫

前川佐美雄は明治36年（1903）葛城郡忍海村、現葛城市生まれだが、大正15年（1926）年奈良市坊屋敷に移り住む。前登志夫は大正15年（1926）年吉野郡秋野村、現下市町広橋生まれで、昭和26年（1951）年より前川佐美雄に師事。奈良市坊屋敷に前川佐美雄を訪問した。この両者の交流はいかなるものであったか。歌から共通性と相違点を見てみたい。

共通性としては、近代文明への反逆、始原志向がある。二人の歌集名が、端的に始原的なものへの志向を物語っている。

前登志夫の佐美雄論「近代と詩魂」（『山河慟哭』）に次のような記述がある。

佐美雄は、おかしさにおいて現実世界を空無化しているともいえよう。事物を、独特のおかしみをもって反転させたり、風穴をあけたりする。」「初期から壮年にいたる戦前の作品には、事物のなまなましい本質に触れたときの噦のような生理は、鬱屈した抒情としてあらわれていた。

ただし、このような「現実世界を空無化」する師風は、その影響が強いためか、前登志夫の作風に取り込むことが警戒され、脱却が意識された（『子午線の繭』後記）。

さらに、次のようにも述べている。

『春の日』の早熟な古典派的熟達を否定し、あられもない姿のままに、歌うべき己れの現実の発見につとめている、そこには常識と人情にはげしく反逆する青年の自我のいら立ちが率直にあらわれている、異様に鋭い感覚を所有する者の受難（「近代と詩魂」）

このような現実世界への生理的な違和感は、前登志夫ももっていた。登志夫にはさらに形而上学的に、ハイデッガー的な存在忘却への思い、その原因たる近代化への反逆があった。佐美雄はどうか。

切り炭の切りぐちきよく美しく火となりし時に恍惚とせり　（佐美雄『捜神』）
火の如くなりてわが行く枯野原二月の雲雀身ぬちに入れぬ

雲はしり日の照るときに青だちて樹は垂直に地《つち》に入りゆく

これらを含む、昭和23年（1948）から昭和30年（1955）までの千余首を収録した歌集『捜神』の中の「鬼」百首は、戦後の前川の代表作品で、前登志夫に大きく影響した。「戦後の進歩的思潮の虚妄を、自己否定の痛みにおいて認識したもの」（「近代と詩魂」『山河慟哭』）という前川作品についての言及は、そのまま前登志夫自身の歩みにも当てはまるものであろう。「永遠な微光をただよわせるのは、この近代の幻視者の反文明の来歴と無縁ではない」（同）とするのは、前登志夫自身に宿るものを語っている。

この父が鬼に帰らむ峠まで落暉《らくき》の坂を背負はれてゆけ　（登志夫『霊異記』）

この「鬼」は、柳田国男『遠野物語』あたりから来ているものだろうが、前川佐美雄の「鬼」、詩魂とも関連しているはずなのである。反文明的な共通性をもつ「鬼」である。このように、両者には共通性が強いが、さてでは異質性はどうか。これについては、歌の場の違いを指摘することができる。ここではそれに絞って見ておきたい。トポスとしての前川佐美雄の野については、すでに概観した。そこで、次に前登志夫の森について見てみることにしたい。

前登志夫『森の時間』
(冨山房インターナショナル、2014)

3　前登志夫の森

前登志夫の歌の場所をどこに求めるべきか。これは自明のことのようだが、吉野の歌人として、まずは山ということになるだろう。事実、山を詠み込んだ歌は多い。しかしながら、もちろん森もある。むしろ、樹木を考えると、歌の場としては森とすべきであろう。前登志夫自身が言っていたように、日本では森という呼称はしばしば山ということになる。確かに平地の森は少なく、あるのは神社の杜だろう。山にある森が日本的森林と言えるだろう。登志夫には「山」の歌が多いが、それは森と一体になっている山である。森こそが歌の場と言えるだろう。そこで、前登志夫の森を、自伝的小説『森の時間』から考えてみたい。端的に「森」が主題的に出てくるからである。

さて、その十三章立ての題名をすべて書き出すと、「霜ふる山、鷹、沈められた熊、燃える岩、夢ちがえ、霧のなかの羚羊、蟇、虹、さゆりの花は人死なしめむ、蛇と夕立、野分の後に、月夜茸、椿村」となる。霜や霧という自然現象の湿潤性、ゆり、茸など植物のもつみずみずしさがあり、明らかに「水」の世界を中心的にもつ、森の世界がある。これを和辻哲郎の言うモンスーン的特質と捉えるのも、牽強附会とは言えないだろう。

和辻は、季節風とりわけ夏のそれをモンスーンとしているが、モンスーンのもつ第一の特質を、自然の恵みとし、台風などの暴威を第二の特質とする。しかしながら、前作品に暴威は全くといってよいほど登場しない。吉野川の氾濫など、歌われない。

第二の特質から来る、そこに生きる人間の忍従性は、雪深い東北の茂吉などには見られようが、前登志夫には、和辻が第一の特質とする、自然の恵みとしての湿潤性のみが見られると言ってよいのである。たとえば『森の時間』から「沈められた熊」の一節を見てみよう。歌集『霊異記』にも歌われている赤岩をめぐる一節である。

黒滝村のほぼ中央に祀られる河分神社を過ぎ、奥地の赤滝の集落へ川に沿って遡ると、雫の地に、川底がいちめん帯のように赤く映えている場所がある。とりわけ晩秋初冬の荒寥たる山中の風景の中は、この水中の華麗さに魂を奪われる。

この水中の華麗さにエロスはあっても、凶暴性は全くない。歌集に「森」を見れば、第一歌集『子午線の繭』では、三章立ての第一章が「樹」であることが端的に示すごとく、樹木の世界が歌われている。第二章においても、

丁丁と樹を伐る昼にたかぶりて森にかへれる木霊《こだま》のひとつ

これはややメルヘン的だが、実感があふれている。

森出でて町に入りゆくしばらくは縞目の青く身に消えのこり

前登志夫『吉野紀行』
（角川選書145、1984）

ここでは雉に変身するかのような自己感覚が歌われている。

樹木みな伐りつくされて森ありき忘却も久し木樵の唄も

これには自身を木こりと称する者の危機意識が現れている。

さて、全歌集五七三二首の初句索引に「森」を数えると二七首ある。同じく「山」は二一九首を数える。初句だけでこの数だから、全体ではこれの三倍ほどに近いかも知れない。かつて作者は「日本では森が山になる」と語っていたので、山も森と捉えることのできる歌が多い。山姥のような熟語も多いので厳密に「山」そのものを歌う歌ではないにしても、山の入った歌が多いのは、作者がやはり山住の人であり、それはすなわち森に生きる人であるからだ。「山人」は、柳田国男の語であるが、柳田の「山人考」がそのまま長歌の題名にもなったりして、自身を山人として認識している。山、森にかかわって柳田民俗学から吸収したものは大きい。

4　吉野とは―吉野と佐美雄、登志夫

前節で前登志夫の「森」「山」を垣間見たが、では、吉野とはどういう「野」なのかについて、前川作品と『万葉集』の野とともに見ておきたい。

野極の吉野

前川佐美雄の『捜神』（1964）「吉野の杉」に次のような歌がある。

みくまりの玉依姫と丹生《にふ》谷の罔象女《みづはのめ》います野極《やきよく》の吉野

『捜神』は昭和23年（1948）から昭和27年（1952）までが「野極」の章となっている。この「野極」とは何か。

前登志夫『吉野紀行』によれば早く『御堂関白記』に見られるもので、道長が寛弘4年（1007）の吉野への道中、野極泊との記述がある。この野極とは、「吉野山では今でも蔵王堂から下を野際《のぎわ》と言っている」（『吉野紀行』）と述べている。佐美雄にとって、吉野は「野極」のもの、もはや野の果てであった。そして、登志夫には、それが山、森の始まりであった。果てと始まり。吉野の意味が全く異なるのである。

地理学者足利健亮の「吉野という世界」（『吉野悠久の風景』）によれば、「原吉野」は吉野川北岸以北の野だという。「野」の第一条件は「かなり平らといってよい地形」、第二条件は「耕地化、なかんずく水田化の難しい、水がかりの悪い土地」だとされる。このような「野」は、しばしば遊猟と結びついて歴史の舞台となってきた、とも述べている。この「原吉野」が移動した。「宮滝」へ、離宮へと、吉野の中心が移動した、大和国中の勢力が奥へと分け入ってきた、とされる。

また、万葉の野について、岡野弘彦は、「古代日本人にとって『野』というのは広漠たる平野を意味するのではない。山麓のゆるい傾斜地で、風通しよく陽当たりのよい地をさしている」(『万葉の歌　大和南西部』)と述べている。なるほど現今の吉野はほぼ斜面であり、吉野山全体を指すようであるから、吉野は斜面と言えようが、もとからそうであったとは限らない。足利氏の言われる「原吉野」、斜面以前の野原、平原に近い場があって、吉野川以北の野原を指していた。それが天武天皇の宮滝以降、以南へと移って来たのか。その方が「野」である意味がわかる。斜面であるとともに、やはり「野原」であったのだ。

さて、吉野川南岸から南は、まずは「野極」であり、蔵王堂を経て吉野山の世界ということになる。前登志夫の住まい、下市の広橋清水はこの吉野山の世界にある。これに対して、「野極の吉野」を歌った前川佐美雄の若き日の住まいは、吉野川以北で、足利氏のいう原吉野ということになるだろう。比較的に広がりをもつ野原の世界である。この違いは大きい。若き日の前登志夫にも飛鳥の世界があって、「昭和二十年代の一時期、わたしは大和国原、とくに飛鳥のあたりをよく歩いた」(『万葉びとの歌ごころ』)。佐美雄的野があって、そこで「飛鳥路の」という詩も書かれたが、三十代以降は、前登志夫の歌の場は、吉野山の森の世界に限定されていると言ってよいのである。前川の野と前の山(森)という対照がある。佐美雄にとって野極である吉野に住む登志夫の対照がある。

さらに万葉に「野」を見ておきたい。まず、野の世界とはどういうものか。『万葉集』巻一に見ておこう。地名的には阿騎野、宇智野、吉野、熊野などがある。

たまきはる宇智の大野に馬並《な》めて朝踏ますらむその草深野(四)

あかねさす紫野行き標野行き野守は見ずや君が袖振る（二〇）
阿騎の野に宿る旅人うちなびきいも寝らめやも古《いにしへ》思ふに（四六）
巨勢《こせ》山のつらつら椿つらつらに見つつ偲はな巨勢の春野を（五四）

このように、地名において野がよく見られる。草や花とともにある湿潤な野と言ってよいだろう。二十代の前登志夫も、二年ほど安騎野志郎との筆名を使っていたのは興味深いことである。人麻呂あたりを意識したものか。前川の野の影響もあるかも知れない。まだ山の人以前の、野の人としての前登志夫があった。もちろん、幼少期は山の人であったのだが、登志夫も、野から山へ、森へと歌の場が移動したと言えるだろう。

5　モンスーン的風土

見てきたような佐美雄と登志夫の野と森の世界は、和辻の『風土』に見られるモンスーン的風土と言ってよいだろう。そして湿潤は自然の恵みを意味する。台風などの自然の暴威もあるが、それが歌われることはほとんどない。和辻の言うような忍従性のものではない、モンスーン風土に前の歌の場がある。ただ、ハイデッガーに『森の小径』があり、前登志夫も愛読していたから、ヨーロッパ風牧場的風土の要素もあるかも知れない。乾燥性と湿潤性を兼ね備えた、和辻の言う牧場的風土とも見られなくはない。そもそもモンスーンとは季節風のことだろうから、風の要素抜きにモンスーンとは言い難い。しかしながら、前登志夫の風土は湿潤なモンスーン的風土であり、牧場の乾燥性はないだろう。前川佐美雄もしかりである。やはり、大和の地は湿潤なモンスーン的風土というべきだと思われる。

乾燥性については、風の要素が不可欠であるが、風の暴威は出てこない。宮沢賢治の「風の又三郎」は風によって物語がはじまるが、言わば穏やかな風である。では万葉の風はどうであろうか。たとえば龍田大社は風の神で、高橋虫麻呂の歌がある。

わが行きは七日は過ぎじ竜田彦ゆめこの花を風にな散らし（一七四八）

この竜田彦は、風をしずめる神として歌われている。これは土地へのあいさつの歌だが、花散らしの風は乾燥性とは違う、牧場的とは言い難い風であろう。むしろ、花の湿気を纏う風である。季節風はあっても、台風などの猛威はあまり存在しない。旋風、竜巻もあるはずだが、歌われることはなく、また、乾燥性をもたらす風ではない。野分はやはり湿潤な風、水分を含んだ風である。だとすれば、前川、前の野や森もまた、モンスーン的な恵みをもたらす自然である。

さらに、和辻の言う「モンスーン域の人間並みの構造を受容的、忍従的として把握」するものでもない。茂吉の東北のごとく、厳しい自然に忍従的になることもなく、あくまで恵まれた自然に生きる人間である。茂吉を受容的、忍従的にさせたであろう雪も、穏やかな恵みをもたらす自然、家持の「今日降る雪のいやしけ吉事」

のように豊穣の予祝的自然である。「昼の星さやげる谿をのぼりくる童子を呼べば雪木霊《ゆきこだま》たつ」(『霊異記』)といった美しさをもつ。茂吉の忍従性については、かつて論じたものをご覧いただければ幸いである。

歌の場を考えるのは重要である。環境は人を縛るものであるとともに、可能性を与えるものである。定住漂泊を唱えた前登志夫の思いも、そのあたりにあるだろう。今日の環境問題を考える上でも大切なことである。

江戸の歴史思想における元明・元正天皇論

大川　真

はじめに

およそ7世紀から8世紀にかけて日本では8代6人の女性天皇が即位した[1]。朝鮮半島、中国でも女性君主が即位しているが、日本での女帝の多さは特筆すべきである[2]。この時期の女性天皇の在り方については、井上光貞の「中継ぎ」論[3]を契機として、活発な論争が展開されてきた[4]。筆者は古代史研究を専門とはしていなく、皇統論、すなわち皇位継承に関わる思想史を専門としている。したがって本稿では古代史における女性天皇の論争には踏み込まず、皇統論の立場から、従来の古代史研究とは全く別の視点で論述を展開したい。すなわち近世の歴史思想を題材にして、古代の女性天皇の即位が先人たちにどのように認識されていたのか、その思想史的事実の解明を本稿の目的としていく。

1．元明・元正天皇――母娘二代の女性天皇

本稿で取り上げる古代の女帝は、元明、元正の両天皇である。なぜこの二人を取り上げるのか。元明、元正間での皇位継承は、皇室の歴史上で唯一の母娘間継承が行われたことが注目されるからである。

また両天皇ともに政治的実績が十分であったことも強調したい。元明天皇（661年～721年。在位707年～715年）の治世で行われた主な政治的実績としては、和同開珎の発行（和銅元・708年）、平城京造営と遷都（和銅元～三・

708～710年）、『古事記』の編纂（和銅五・712年）、『風土記』の編纂（前同）がある。

元正天皇（680年～748年。在位715年～724年）の治世では、阿倍仲麻呂・吉備真備・玄昉らを留学生として唐に派遣（霊亀二・716年）、藤原不比等らに命じて養老律令を制定（養老二・718年）、『日本書紀』の編纂（養老四・720年）、三世一身の法の施行（養老七・723年）などが主な政治実績として挙げられる。

そして皇位継承に関しては、前述の通り母娘間の継承のほかに、「不改常典」の法が慶雲四年（707）七月の元明天皇即位詔にはじめて表れたことが刮目に値する。

闕けまくも威き藤原宮に御《あめのしたしろしめ》宇しし倭根子天皇（※持統天皇）、丁酉の八月に此の食国天下の業を、日並所知皇太子（※草壁皇子）の嫡子、今御宇しつる天皇（※文武天皇）に授け賜ひて、並び坐して、此の天下を治め賜ひ諧《ととの》へ賜ひき。是は闕けまくも威き近江大津の宮に御宇しし大倭根子天皇（※天智天皇）の天地と共に長く、日月と共に遠く、改むまじき常の典と立て賜ひ敷き賜へる法を受け賜り坐して、行ひ賜ふ事と衆受け賜りて、恐み仕え奉りつらくと詔りたまふ命を、衆聞きたまへと宣る。（『続日本紀』慶雲四年七月壬子、元明天皇即位宣命・第三詔）

この宣命によれば、持統天皇から文武天皇への譲位は、天智天皇が定めたとされる「天地と共に長く日月と共に遠く改るまじき常の典」、すなわち不改常典の法に依るとある。天智天皇の詔勅に「不改常典」を直接指したと思われるものは見当たらないが、不改常典とは皇位継承に関する法を指すという見解を岩橋小弥太が提示[5]して以来、数多の研究の蓄積がある。現在の研究史[6]では、不改常典の解釈では、①直系相続（草壁系直系）、②天皇大権による生前の後継指名という二つの解釈が有力視されている。不改常典が具体的に何を指すのか、その詳細の追求は筆者の手に余るところである。ここでは不改常典なる皇位継承の法が元明期に初めて登場し、この法を基準にして、持統天皇から首皇子（後の聖武天皇）への皇統の確立、即ち

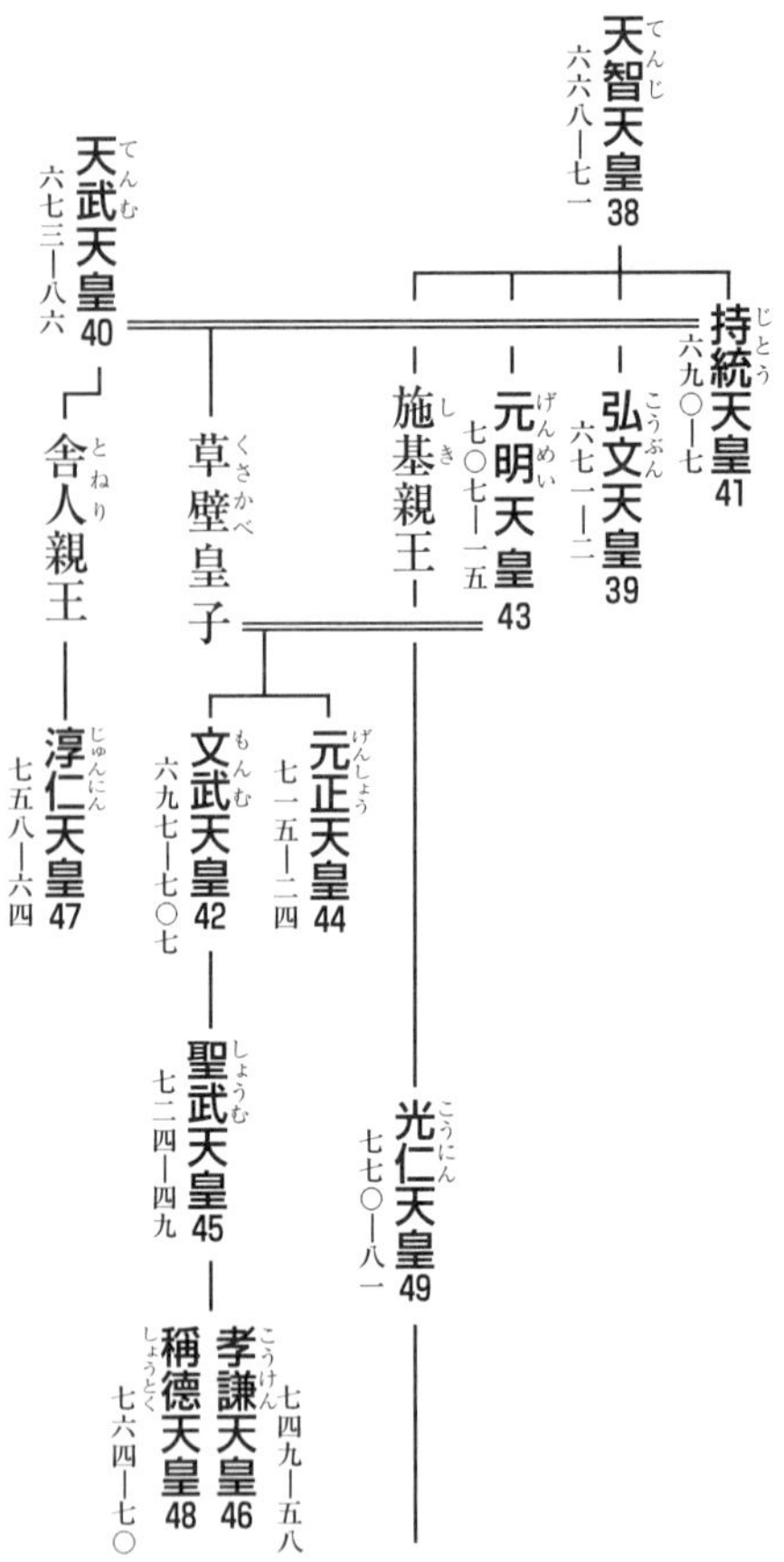

宮内庁「天皇系図」より

持統天皇から文武天皇への譲位、元明、元正両女帝の即位と、元正天皇から聖武天皇への譲位が行われたと考えておく。それにしても日本史上で多くの女帝が即位した時期に皇位継承法がはじめて表れるというのは何とも興味深い。

2. 中世および近世中期の歴史思想──北畠親房『神皇正統記』と新井白石『読史余論』、安積澹泊『大日本史本紀賛藪』──

それでは元明・元正の両女性天皇はどのように歴史書で描かれてきたのだろうか。まずは1343年に成立した北畠親房『神皇正統記』(7)の記述を見てみよう。

第四十三代、元明天皇は天智第四の女、持統異母の妹、御母【蘇我】嬪《ひめ》、これも山田石川丸の大臣の女《むすめ》也。草壁の太子の妃、文武の御母にまします。丁未年即位。戊申に改元。三年庚戌始て大倭の平城宮に都をさだめらる。古には代ごとに都を改、すなはちそのみかどの御名にしおび奉りき。持統天皇藤原宮にましゝを文武はじめて改めたまはず。此元明天皇平城にうつりましゝより、又七代の都になれりき。天下を治給こと七年。禅位ありて太上天皇と申しが、六十一歳ましゝき。

第四十四代、元正天皇は草壁の太子の御女。御母は元明天皇。文武同母の姉也。乙卯年正月に摂政、九月に受禅、即の日即位、十一月に改元。平城宮にまします。此御時百官に笏をもたしむ。（割注略）天下を治給こと九年。禅位の後二十年。

六十五歳ましく〳〵き。（北畠親房『神皇正統記』）[8]

一読してすぐに気づくのは、元明・元正両天皇に対する記述が極めて淡泊、平板なことである。両天皇の政治実績に触れておらず、また女性天皇であることへ賛否も書かれていない。『神皇正統記』で書かれているのは、両天皇の父母、宮城、在位期間、卒年などの最低限の情報である。両女帝の政治実績および母娘間の皇位継承をどのように親房が考えていたのかを覗うすべは私たちには無い。

続いて時代は下るが、近世を代表する歴史書である新井白石『読史余論』[9]（1724年成立）の記述を見てみよう。

第四十代天武天皇、御兄天智の御よつぎ大友天皇にそむき給ひて戦はせ給ひし事は、よのつね征討の例には同じかるべからず。大友の御軍利なくして、天武世をうばひえさせ給ひしかば、世には大友のその君に叛かせ給ひしごとくに申し伝ふる歟。まさしく大友は天智の御よつぎをうけつがせ給ひて、帝位にましませし御事也。かつは天智の崩じ給ひしやうもあやしきつたへも侍れば、世の申し伝ふるところ信がたくや侍らむ。されば天武は一旦御軍にうちかたせ給ひて世をしろしめされしかど、その御後はわづかに七代百余年がほどにて、その玄孫称徳の女主にてつゐに絶させ給ひ、天智の御後は御孫光仁世をしらせ給ひ、その御後、今に絶させ給はねば、天の有道にくみし給ふ所あきらけしとも申すべし。後代におよびて両主御位をあらそひ給ひし事のはじめなれば、王徳や、衰て風俗すでに澆《うす》しとこそ申すべけれ。(新井白石『読史余論』[10])

白石の場合、歴史の実相を「変」という長いスパンで捉えるという特徴があるが、律令制確立期の皇統に「天」の審判が加わったと考えている。すなわち天武天皇が武力によって正統な皇位継承者である大友皇子(弘文天皇)を滅亡させたことに対して、「天」が審判を下して、天武天皇の皇統は五代後の孝謙(称徳)天皇の代になって途絶えてしまい、天智天皇の孫である光仁天皇の皇統がその後も続いていると白石は述べる。元明・元正両帝の個別的な評価は此処には見られなく、代わりに両帝が天武天皇の皇統のなかに位置づけられる。『読史余論』には『神皇正統記』からの引用が多く見受けられるが[11]、元明・元正両帝に対する賛否が書かれていない原因の一つに、『神皇正統記』での淡泊な記述の影響が考えられないだろうか。

『読史余論』と同時期に成立した注目すべき歴史書に安積澹泊『大日本史本紀賛藪』[12](1720年成立)がある。『大日本史本紀賛藪』(以下、『賛藪』)は、徳川光圀の命により編纂が開始された水戸学の歴史書『大日本史』のコメンタリーであり、水戸学内部だけではなく、その後の歴史書にも大きな影響を与えた。私見では『賛藪』こそが、元明・元正両帝を女性天皇としてその政治実績や個性をつぶさに描き、また両天皇における皇位継承の是非を踏み込んで論じた初めての史書であると見ている。以下幾つかの記述を紹介しよう。

賛に曰く、文武崩ずるに臨みて、聖武尚ほ幼なり。天下、一日も君無かる可からず。故に、元明に万機を摂行せんことを請ふ。和銅の末に至り、聖武立ちて皇太子となる。年既に長じ、宜しく天位を伝ふべし。而るに詔旨に謂ふ、「年齢幼稚にして、未だ大業を負荷するに堪へず」と。迺ち位を元正に禅り、皇太子、庶政を親らするに逮《およ》びて、然る後元正之に伝ふ。皆、天理の公より出でて、一毫の私有るに非ず。其の意以為へらく、「君は民の司牧なり、豈幼弱の主をして、其の職に莅《のぞ》ましむ可けんや」と。其の、天下を公とするの心、諸を鬼神に質して疑ひ無し。故に能く雍煕の化を致すこと、推古・持統の治に度越す。上の、仁を以て民を漸《みちび》き、義を以て摩く所以と。下の、家ごとに給し戸ごとに足る所以とは、凡そ人主に在りて、皆能くし難き所なり。而して母儀の徳、君臨の業は、美なりと謂ふべし。（安積澹泊『大日本史本紀賛藪』元明天皇紀の賛　巻十四）(13)

「雍煕」とは、天下がよく治まり、上下の者がともにやわらぎ楽しむことを言う。澹泊は、元明・元正両帝は推古、持統の両女帝にも勝り、優れた徳治を行ったと賛辞を送る。とりわけ元明・元正両帝が評価されるのは、皇位継承における振る舞い方である。文武天皇が死去した時に、嫡子の首皇子はわずか7歳であった。幼主に天下の大業を負わせるのは適わずとして、文武天皇の母である元明天皇が慶雲四年（707）に即位し、続いて和銅七年（714）に首皇子の立太子を行い、聖武天皇即位に至る皇統を確立した。続く元正天皇も既定の継承方針に従って、聖武天皇が24歳となった神亀元年（724）に譲位した。聖武天皇の即位にまで至る両帝の即位には私心は無く、あくまで「天理の公」に則ったものであると澹泊は強調する。

なお幼君が即位することで皇統が危ぶまれるという言辞は、新井白石『読史余論』にも見られ、五十六代清和天皇が即位時に幼主であったため藤原氏による外戚政治が始まったと見做す[14]。さらに末尾には「母儀の徳」という女性性に関わる評価が付せられている。澹泊は、女性天皇でも評価に値する政治実績がある場合には称賛を惜しまず、「母儀の徳」は、次の資料で見られる政治実績に関連する評価であると考えられる。

賛に曰く、帝、元明の禅を受け、敢て逸豫せず、宵衣旰食して、心を民瘼に悉す。飢うれば則ち之を賑し、疫めば則ち之に薬し、調を免じ役を免じ、以て天下の租を免ずるに至る。而して鰥寡を恵鮮し、孝義を表旌し、災異有る毎に、戒慎恐懼し、以て直言極諫を求む。嘉謨・美績、史、書するを絶たず。蓋し一代の良主なり。凡そ元明・元正の二帝は、内行端潔、至誠惻怛、和煦、物に及び、恭倹仁恕、天性より出づ。既に富み既に庶く、四海乂安にして、用て能く郅隆の治を致す。之を女中の堯舜と謂ふと雖も可なり。後の人主、能く二帝の憂勤の心を体すれば、則ち大日孁貴の、宇宙に照臨せるの徳、万世に亙りて虧くること無からん。（安積澹泊『大日本史本紀賛藪』元正天皇紀の賛、巻十五[15]）

「飢うれば則ち之を賑し、疫めば則ち之に薬し、調を免じ役を免じ、以て天下の租を免ずるに至る。」という記述は『続日本紀』での詔をふまえたものである。かかる記述は次の章で紹介する頼山陽に引き継がれることとなる。言路洞開、利用厚生に努めた元明・元正両帝は、「女中の堯舜」であると澹泊は断言する。なおこの「女中の堯舜」という評価は同時代から史家の間で取り上げられ、水戸藩の史局・彰考館の同僚であった三宅観瀾も以下のように評している。

疑ひなき能はずの一句、いかが之あるべきか、あまり疑ふべき事とも存ぜられず候か。只天下を公にするの心を論じ、幼主に位を妄りに授けざるをのべば、自然に明らかなるべきか。女中の堯舜の結句、尤も面白く御座候。とても事に上に天下を公にするの心を論じて文路をそれへとひきつゞけ、その上へ二帝の美政をのべて女中の堯・舜とすとしたきものか。女中の堯・舜益々的切なるべきか。(三宅観瀾『論賛駁語』、1716年頃成立[16])

「疑ひなき能はずの一句」とは、前掲『賛藪』の「其の、天下を公とするの心、諸を鬼神に質して疑ひ無し」という一文を指す。元明・元正両帝の即位が天下の公理に基づいており、いささかも私心がないことは疑うべくもないという記述を踏まえている。観瀾も幼主の擁立に動かなかった一事に「天下を公にするの心」が発現されている捉え、それを以て「女中の堯舜」とする澹泊の論賛の適切さを褒め称える。

なお少しくここで念頭に置いておきたいのは、白石、澹泊、観瀾にせよ、女性皇族(特に国母、皇太后)による垂簾聴政を勧めないことである。男子の後継者が幼少である場合には、先帝亡き後の帝位を早く確立させるために、幼君を即位させて、国母、皇太后による垂簾聴政が往々にして行われる(武則天や貞熹王后など)。しかし近世日本の歴史思想においては、女性天皇の即位ではなく、幼君の即位が厳しく批判される。このことは日本の皇統論を考える際に大変重要である。

3．近世後期の歴史思想―頼山陽『日本政記』、山県太華『國史纂論』―

頼山陽こそ、近世後期の最大の歴史家と言って過言では無いだろう[17]。山陽の歴史書としては幕末から明治にかけて大ベストセラーとなった『日本外史』が有名であるが、本稿では神武天皇から後陽成天皇までの歴史を扱った最晩年の著作である『日本政記』（1832年成立）を取り上げたい。

頼襄（※山陽）曰く、天智画一の政、天武以還、持統・文武・元明・元正を経て、これを或いは更ふる莫し。その旧に率由して、倍々これを修治す。牧宰に課し、姦利を禁じ、言語を通じ、軍政を明らかにし、度量を正し、律令を覈《かんが》ふ。その策に記すもの、班班然として按ず可きなり。而してその大旨は、民を保んずるに在るのみ。民の君に於けるは、猶ほ水の魚に於ける、土の木に於けるがごときなり。これあれば則ち活き、これなくんば則ち死す。故に民を保んずるは、乃ち自ら保んずる所以なり。国朝の租税を定むるは、已に二十に一を取るより軽し。而も列朝の政、水あれば必ず減じ、旱あれば必ず蠲《のぞ》き、疾疫・興作・軍旅あれば、必ずこれを給復す。その租を逋《のが》れ、欠を積むこと、十数年の前に在るものは、時に令を出してこれを除免す。勤懇なることかくの如きは、徒に恩を垂れ、以てその心を結ぶのみならざるなり。かくの如くならずんば、則ち民力薄し。民力薄ければ、則ち国本弱し。その本を強くせんと欲せんば、必ず培してこれを沃し、猶ほその或いは蹷《たお》るることを恐る。根あれば斯ち枝あり、民あれば斯ち君あり。列聖のなす所、亦たここに察するのみ。後世は則ち然らず。以為らく、君は本なり、民は末なりと。務めてこれを掊克し、その膏血を浚へ、以て自ら殖す。その欲を輔くる者、これを能吏と謂ひ、呵責鞭撻し、以て応副を求む。流亡歳に多く、田土歳に蕪《あ》れり。目前の升合を補ひて、後日の億万を損す。国以て貧弱にして、自ら保んずる能はざるに至るは、則ち誰の咎ぞや。故に曰く、君の民を保んずるは、自ら保んずる所以なりと。抑々後世の君と雖も、民を保んぜんと欲せざるに非ずざるなり。国用の足らざるを奈《いか》んともするなきなり。故に民を保んぜんと欲せば、必ず白ら倹す。特に自ら倹するのみならざるなり。これを以て人を率ゐるは、上下倶に給する所以なり。列聖の時に当り、民に勧めて諸穀を課種し、蔬菜の類に至るまで、曲《つぶ》さに尽さざるなし。而も交易の用は、則ち銭に止まる。後世の汲汲として金銀の幣を造るが如きに非ざるなり。而るに未だ嘗てそのこれを用ひて、滞り且つ乏しきことあるを聞かざるなり。能く然る所以は何ぞや。聖武の初年、京師の士民、板屋・草舎の営み難く破れ易きを以て、五位以上、及び庶民の力営弁に堪ふる者には、瓦を以て葺かしむ。嗚呼、その風俗の奢らざるや、かくの如し。後世、金銀を貴び、穀粟を賤しみ、上下常に給せざるに苦しみ、而して農民肩を息むるの日なきは、その故、知る可きなり。（頼山陽『日本政記』巻四、元正天皇の賛[18]）

最初に注目されるのは「天智画一の政、天武以還、持統・文武・元明・元正を経て、これを或いは更ふる莫し。その旧に率由して、倍々これを修治す。」という冒頭の箇所である。天智天皇による政治改革が天武、持統、文武、元明、元正へと継承され、一層充実した治政が行われたという見方である。白石の記述のように、天智朝と天武朝との間で断絶を見ることは、天武によってクーデターが起き、また皇統も天武系へと移動していくことからすれば自然である。しかし山陽は天武以降の政治も天智の施政方針が継承されたものとして論じる。また元明帝、とりわけ元正帝への評価は高く、免税、農業振興など民政を充実させたことを絶賛する。これは前掲の澹泊『賛藪』での評価を承け、より詳述したものと考えられよう。『続日本紀』で記載された元正期での詔では、霊亀元年（715）十月に百姓に麦禾の栽培を促す詔や、養老五年（721）三月には調役の免除の詔、養老六年（722）七月には勧農の詔、養老七年（723）二月には農蚕を勧める詔が発せられている。山陽での論賛はこれらの詔勅を踏まえて書かれている。以上、山陽においては、皇統を天智――天武との間で連続して捉えていること、また元明、元正両女帝に関しては、その女性性について特段の記述は無く、あくまで農業振興や徴税免除などの民政の充実を図った優秀な君主として描かれていることを確認した。

さて最後に長州藩儒で藩校・明倫館の学頭兼祭酒をつとめた山県太華を取り上げたい。太華は若き吉田松陰との間で国体をめぐって激しい論争を繰り広げたことで有名であるが、太華の歴史思想に正対した研究はほとんどない[19]。以下、山県太華の

『國史纂論』(自序1846年)での元明・元正両帝に対する評価を検討していく。

禎(※太華)曰、帝、政治の要は、民を富ますに在り、民を富ますの本は食貨に在るを以て、詔を下して、民に耕織を勤しめ、又た天下の国司をして、百姓に勧課し、儲畜を設けて、以て年荒に備へしむ。務を知ると謂ふべし。旱澇時に違ひ、年穀熟せざるに至りては、則ち惻然として己を責め、田租を除き、課役を免じ、以て百姓を恤れむ。盛徳の事と謂はざるべけんや。養老七年の詔を観るに、実に至公至仁、天地と流を同じうするの気象を見る。其の京城を巡《めぐ》りて百姓に種子を給するは、即ち耕を省きて足らざるを補ふの挙なり。史家称するに女中の堯舜を以てす。蓋し亦た過論に非ず。(山県太華『國史纂論』第二巻、元正天皇の賛[20])

最後の一文の「史家」とは澹泊のことである。元明・元正両帝を「女中の堯舜」と評価するのは適当であると太華も述べる。水戸学の見解——元明・元正帝に対する賛美の辞——が幕末にも一定の程度共有されていたことは特記すべきである。
また『賛藪』では両帝に対して「母儀の徳」をあてていたことを確認してきたが、それと関連する記述が太華にも見られる。

禎曰く、帝屢しば天下に大赦し、又た詔して鷹・狗・鸕鷀《ろじ》・雉・猪の類を放たしむるは、或いは釈氏の慈に出づと雖も、然れども亦た其の至性惻怛の発する所、民を愛し而して後に禽獣に及ぼす。斉宣の恩禽獣に及びて百姓に至らざるもの（※『孟子』梁惠王章句上）と異なれり。（山県太華『國史纂論』第二巻、元正天皇の賛[21]）

宇麻八幡宮で放生会を執り行う詔は元正期の720年に発せられる。儒者である太華は、それが仏教儀式であることを好ましくは思わないものの、元正帝が民衆を思う「至性惻怛」の心情が発露されたとして評価する。仁愛、慈愛の心情を女帝としての特性に結びつけたものとも読み取れないだろうか。

しかしながら太華は元明・元正期の皇位継承について独自の批判を展開している。

禎曰く、孤を託し命を寄すは、伊尹周公のごときは則ち可なり。もし附託其の人に非ざれば、則ち権、大臣に帰し、威福一たび君を去りて竟に復し難し。古より姦臣、威権を専らにする者は、皆な幼主を立たんと欲するは、其の己れに利するを以てなり。故に君死し孤幼なるの際は、誠に慮るべきの時なり。文武崩ずる時、太子幼弱。是を以て推古皇極の例に随ひ、遺詔して母后に践祚せんことを請ひ、元明帝も亦た太子尚ほ幼なるを以て、位を元正帝に伝ふ。皆な賢を択びて以て位を譲り、以て皇基を固くす。蓋し時の権を得るに庶からんか。但だ文武、子を以て位を母に譲る、其の事順ならず。直に諸れを元正に伝ふるの愈れるには如かず。（山県太華『國史纂論』第二巻、元明・元正天皇の賛[22]）

太華も白石や澹泊らと同様に、元明・元正期で幼君が即位しなかったことを高く評価する。しかし問題は元明帝の即位が息子である文武天皇から母親への継承であること、すなわち尊属継承したことは順当ではないと批判的に捉えており、元明帝から元正帝へという卑属継承が望ましいとする。太華においては女性天皇、また母娘間の皇位継承が問題ではなく、皇位継承も卑属継承によって行われるべきだと考えていたのであった。

おわりに

現在の皇位継承の在り方にも繋がる男系男子継承規定は、旧皇室典範（1889年成立）の第一条で定められた[23]。法制史、皇室制度史によって牽引された従来の研究によって、男系男子継承主義の成立に大きな役割を果たしたのが、法制官僚である井上毅の具申（「謹具意見」）であり、そして井上の具申に影響を与えたのが、民権結社・嚶鳴《おうめい》社内の論争（1882年）であることは既に明らかとなっている。そして男系男子継承主義を主張するにあたり、井上毅が参照したのが国学者・小中村清矩『女帝考』である。同著は安積澹泊『大日本史本紀賛藪』を多く引用するが、『賛藪』で賞賛された元明・元正の両女性天皇に対しては、「女中の堯舜」という肯定的評価の記述は削除され、両女性天皇は「摂位」（中継ぎ）であったと論じられる。すなわち女性天皇の評価に対しては、前近代からの皇統論との不連続な面が、井上や小中村の言説には見られるのである[24]。

本稿では近世後期の歴史思想にも射程を拡げて元明・元正両女性天皇に対する評価をつぶさに検討してきた。その結果、①両帝が女性であるからという理由で否定的な評価は無かった、②幼少である首皇子を即位させなかったことは公理に則っているとされる、③両帝も基本的には民政の充実を図った政治実績によって高く評価され、「女中の堯舜」という評価もその治政に由来している、④ただし山県太華は元明天皇が尊属によって皇位継承が行われたことを批判して、皇位継承も通常の相続と同じく卑属継承を順当とする旨を述べている。以上の四点を解明した。近世後期の歴史思想においても、明治期の井上毅や小中村清矩が描く女帝論とは相当に大きな断絶があったことを強調したい。

付記

本稿は中央大学特定課題研究費（2021－22）とJSPS科研費23K00097の成果の一部である。

《注》

1．第33代 推古天皇（在位592年～628年）。第35代 皇極天皇（在位642年～645年）。第37代 斉明天皇（在位655年～661年）※皇極天皇が重祚。第41代 持統天皇（在位690年～697年）。第43代 元明天皇（在位707年～715年）。第44代 元正天皇（在位715年～724年）。第46代 孝謙天皇（在位749年～758年）。第48代 称徳天皇（在位764年～770年）※孝謙天皇が重祚。

2．中国では、武則天（690年～705年）。朝鮮半島では新羅で、善徳王（在位632

年～647年)、真徳王(在位647年～654年)、真聖王(在位887年～897年)の女性皇帝、女王が即位している。入江曜子『古代東アジアの女帝』(岩波新書、2016年)を参照されたい。

3．井上光貞『日本古代国家の研究』(岩波書店、1963年)。

4．代表的な研究を幾つか挙げる。小林敏男『古代女帝の時代』(校倉書房、1987年)。荒木敏夫『可能性としての女帝』(青木書店、1999年)。水谷千秋『女帝と譲位の古代史』(文藝春秋、2003年)。瀧浪貞子『女性天皇』(集英社新書、2004年)。遠山美都男『古代日本の女帝とミサキ』(角川叢書、2005年)。成清弘和『女帝の古代史』(講談社現代新書、2005年)。仁藤敦史『女帝の世紀　皇位継承と政争』(角川選書、2006年)。佐藤長門『日本古代の王権構造と展開』(吉川弘文館、2009年)。吉村武彦『女帝の古代日本』(岩波新書、2012年)。遠藤みどり『日本古代の女帝と譲位』(塙書房、2015年)。義江明子『日本古代女帝論』(塙書房、2017年)など。

5．岩橋小弥太「天智天皇の立て賜ひし常の典」(『日本学士院紀要』9(5)、1946年)。

6．不改常典についての研究は数多い。ここで全てを挙げることはしないが、あくまで管見の範囲で研究史を整理したものを幾つか挙げれば、以下の通りである。田中卓「天智天皇の不改常典」(田中卓著作集『律令制の諸問題』、国書刊行会、1986年)。篠川賢「皇統の原理と「不改常典」」(佐伯有清先生古稀記念会編『日本古代の社会と政治』所収、吉川弘文館、1995年)。関晃「いわゆる不改常典について」(『関晃著作集4　日本古代の国家と社会』、吉川弘文館、1997年)。中西康裕「不改常典の法と奈良時代の皇位継承」(『関西学院史学』27号、2000年)。藤堂かほる「天智の定めた「法」について―宣命からみた「不改常典」―」(『ヒストリア』169、2000年)。長田圭介「「不改常典」考」(『皇學館史学』23、2008年)。熊谷公男「即位宣命の論理と「不改常典」法」(東北学院大学『歴史と文化』45、2010年)。中野渡俊治「不改常典試論」(『古代太上天皇の研究』、思文閣出版、2017年)。原科颯「「不改常典」法に関する一考察」(『慶應義塾大学大学院法学研究科論文集』58号、2018年)、水谷千秋「不改常典と『日本書紀』の思想」(『日本古代の思想と天皇』、和泉書院、２０２０年)など。

7.『神皇正統記』に関する研究も汗牛充棟といった観がある。管見の範囲で重要な業績を挙げると、平田俊春『神皇正統記の基礎的研究』(雄山閣出版、１９７９年)。我妻建治『神皇正統記論考』(吉川弘文館、１９８１年)。白山芳太郎『北畠親房の研究』(ぺりかん社、１９９１年)。土田健次郎「『神皇正統記』と宋学」(『大倉山論集』42、１９９８年)。下川玲子『北畠親房の儒学』(ぺりかん社、２００１年)。岡野友彦『北畠親房』(ミネルヴァ書房、２００９年)。勢田道生「南朝史受容と神皇正統記」(『藝林』65(１)、２０１６年)。齋藤公太『「神国」の正統論—『神皇正統記』受容の近世・近代—』(ぺりかん社、２０１９年)など。

8.日本古典文学大系『神皇正統記　増鏡』102-103頁、岩波書店、１９６５年。

9.新井白石の歴史思想については、勝田勝年『新井白石の歴史学』(厚生閣、１９３９年)。宮崎道生『新井白石の研究』(吉川弘文館、１９５８年。増訂版１９６９年)。尾藤正英「新井白石の歴史思想」(日本思想大系『新井白石』解説論文、岩波書店、１９７５年)。中田喜万「新井白石における「史学」・「武家」・「礼楽」」(『国家学会雑誌』110-11・12、１９９７年)。ケイト・W・ナカイ『新井白石の政治戦略—儒学と史論』(平石直昭ほか訳、東京大学出版会、２００１年)。大川真『近世王権論と「正名」の転回史』(御茶の水書房、２０１２年)など。

10.新井白石『読史余論』(日本思想大系『新井白石』279-280頁、岩波書店、１９７５年)。

11.大川真「古典を読む　新井白石『読史余論』」(岩波講座『日本の思想3所収、岩波書店、２０１４年)。

12.安積澹泊『大日本史本紀賛藪』については、松本三之介「近世における歴史叙述とその思想」(日本思想大系『近世史論集』解説論文、岩波書店、１９７４年)。玉懸博之「前期水戸学の歴史思想続考—安積澹泊『大日本史』「論賛」をめぐって」(『東北大学文学部日本文化研究所研究報告』19、１９８３年)。田中俊亮「前期水戸学における「〈実〉の戦略」—安積澹泊の諸言表をめぐって—」(『日本思想史研究会会報』29、２０１２年)。大川真「「安積澹泊『大日本史賛藪』について」（『季刊日本思想史』81、２０１４年）などの研究がある。

13. 日本思想大系『近世史論集』（岩波書店、１９７２年）、32‐33頁。

14. 「五十六代清和、幼主にて、外祖良房、摂政す。是、外戚専権の始。」（『読史余論』上、日本思想大系『新井白石』184頁、岩波書店、１９７５年）。

15. 日本思想大系『近世史論集』（岩波書店、１９７２年）、33‐34頁。

16. 高須芳次郎編『水戸学大系』七（井田書店、１９４１年）所収、199頁。

17. 山陽の歴史思想に関する研究として、野口武彦『江戸の歴史家―歴史という名の毒―』（筑摩書房、１９７９年）。玉懸博之「頼山陽の歴史思想」（『日本思想史研究』12、１９８０年）。石毛忠「近世儒教の歴史思想―頼山陽の史論を中心として―」（『季刊日本思想史』16、１９８１年）。大川真「頼山陽における政治なるもの」（『日本思想史研究』39、２００７年）。濱野靖一郎『頼山陽の思想―日本における政治学の誕生―』（東京大学出版会、２０１４年）。島田英明『歴史と永遠―江戸後期の思想水脈―』（岩波書店、２０１８年）など。

18. 日本思想大系『頼山陽』（岩波書店、１９７７年）85‐86頁。

19. 太華の思想を分析した研究に松本三之介「幕末における正統性観念の存在形態―その思想史的考察―」（家永三郎編『明治国家の法と思想』所収、御茶の水書房、１９６６年）がある。松本は、太華の天概念の特徴として、人心の向背を天命と結びつける動態的な性質を指摘している。その他、洪偉民「吉田松陰の国家観―山県太華との論争を通して」（『人間文化学研究集録』12、２００２年）、桐原健真『吉田松陰の思想と行動―幕末日本における自他認識の転回』（東北大学出版会、２００９年）などがあるが、やはり松陰との論争のなかで太華の思想を考察するという手法を採っており、太華の思想を本格的に研究した業績はほとんどない。

20. 国立国会図書館所蔵、請求記号８３９‐１０、二四表～二四裏。

21. 同前、二六表。

22. 同前、二一裏〜二二表。

23. 明治皇室典範の成立史については、稲田正次『明治憲法成立史の研究』上・下（有斐閣、1962年）、同『明治憲法成立史の研究』（有斐閣、1979年）。小嶋和司『明治典憲体制の成立』（木鐸社、1988年）、島善高『近代皇室制度の形成』（成文堂、1994年）、同「明治皇室典範の制定過程」（『日本立法資料全集一六　明治皇室典範（上）』解説論文、信山社、1996年）、奥平康弘『「萬世一系」の研究』（岩波書店、2005年）、小林宏『日本における立法と法解釈の史的研究』3（汲古書院、2009年）、笠原英彦『天皇・皇室制度の研究―天皇制国家形成期の法と政治―』（慶應義塾大学出版会、2022年）など。

24. 大川真「18・19世紀における女性天皇・女系天皇論」（『SGRAレポート』90、2020年）。

「天平文化」顕彰の思想

福家　崇洋

はじめに

奈良は古代のイメージが強い。そんな奈良にも近代の華やかな姿があると思い、鉄道の導入とともに歌劇やダンス、遊園地、映画製作などが奈良に移植されたことを、拙稿「奈良のモダニズム」で明らかにした。[1] しかし、二一世紀に入った今日もますます奈良の古代イメージが横溢している。

奈良には古代イメージへと回帰させるなにかがあるのではないか。すでにその解を明らかにした優れた先行研究が存在する。高木博志氏の『近代天皇制と古都』（岩波書店、二〇〇六年）の「古都」論などである。同著では以下の指摘がある。「現代においては、法隆寺は飛鳥文化を代表し、東大寺は天平文化を代表するように、これらの寺院は中近世の庶民信仰を飛び越えて、近代に創られた古代の美術的価値に同化する。」「現代の大和は古代文化に特化されたイメージがある。」[2] つまり、奈良の古代文化イメージとは、近代に創られたものだというわけだ。単なる文化論の批評を超えて、近代天皇制及びそれを支えた各文化の歴史における「創られた伝統」（E・ホブズボーム）の存在を高木氏は指摘する。そして、我々はその歴史のからくりを知ってか知らずか、現代に入ってもなお、そのイメージを繰り返し生産・消費し続けている。

この小論で取り上げる「天平文化」も「創られた伝統」のひとつであり、近代になって生み出された奈良の古代文化のイメージである。本論では、このイメージがいかに生成されたのかを当時の文献を用いて明らかにしてみたい。一般的に、「天平文化」とは八世紀の奈良で栄えた貴族文化で、遣唐使によってもたらされた唐の文化の影響から国際色豊かなものになったとされる。仏教の影響も色濃くあり、東大寺、唐招提寺、興福寺などの仏像・建築が知られるほか、『古事記』『日本書紀』といった国史編纂事業の成果も現れ、貴族から民衆までの和歌をまとめあげた歌集『万葉集』も生まれた。

こうした文化のイメージはどのように創られたのだろうか。そのプロセスを歴史的に明らかにすることが重要である。さらに、ここにもうひとつの視点を付け加えるならば、「創られた伝統」が革新性をもたらす可能性である。伝統はその出自が創られたものであっても、保守的な文化や制度に組み込まれやすい。また、そうした目的を帯びて創られることも多い。しかし、他方で、新たに創られたからこそ、それまでの伝統やそれを組み込む保守的な文化や体制を根底から革新する可能性を秘めているのではないか。そうした部分を歴史的に抽出してみたいというのがこの小論のささやかな試みである。

一 「天平文化」論と〈日本的なるもの〉への問い

「天平文化」はいかにして顕彰されたのか。この問いを考えるために、まずは肩慣らしからはじめよう。奈良の文化といえば、つい「日本の」という接頭語をつけてしまいがちだが、一九二〇年代半ばの議論をみればそうでもなさそうだ。考古学者で京都帝国大学教授だった濱田耕作(青陵)は、「奈良と慶州」という小論を、歌人の佐佐木信綱が主宰する竹柏会の大和支部機関誌『奈良文化』五号（一九二四年一一月）に寄せた。そこで、濱田は「奈良の文化に同情を有するものは、新羅の古京〔慶州〕に限りなき感興を起こさずには居られない。それは唐の文化から生れた二つの姉妹の文化である。」「奈良の都にその昔動いて居つたものは、今日の慶州になほ生命をつゞけてゐるのである。……奈良を愛する人は慶州を愛し、真に日本を愛する人は、朝鮮をも愛せずには居られない。」と語る。[3] 濱田は唐文化の伝播による奈良・慶州両文化の「姉妹」的把握を提起する。いま奈良を訪れる人びとで、奈良の景色をみて慶州を思い起こす人がどれだけいるだろうか。この視点は、いまの私たちの文化に対する認識やイメージの狭さを自覚させる。他方で、大日本帝国時代ゆえにありえた視点ともいえ、文化表象に組み込まれた政治の影を認めないわけにはいかない。

この濱田の提起は、その後の「天平文化」顕彰の予兆ともいえるものである。翌年に、彼を寄稿者に組み込んだ『天平芸術の研究』が刊行された。同書は『仏教美術』第五冊として企画されたものである。この雑誌は飛鳥園という奈良で文化財を撮影する写真館（一九二二年創業）が発行していた。濱田以外に、内藤湖南（京都帝大名誉教授）、和辻哲郎（京都帝国大学助教授）、中井宗太郎（京都市立絵画専門学校教授）、佐佐木信綱といった錚々たる人物が本書に寄稿している。同書に記された「天平文化」論を追うことで、彼らの奈良の文化、ひいては「日本的なるもの」に対する認識を検証したい。

まずは内藤湖南の「唐朝文化と天平文化」を取り上げる。同論は唐文化受容を新羅と日本（天平時代）で比較して、「日本民族」の優れた能力を例証しているかのように読める。たとえば、「殊に日本の偉かつたのは、支那文化の刺激によつて日本語の文学を起したこと」であると評価している。[4] その意味では、先の濱田の論と好対照をなしている。しかし、内藤にしてみれば、中国文学者として、「日本文化」中心史観への批判を意図したものであった。彼は中国文化の受容の延長で日本の文化の生成をとらえるべきだと考えていた。内藤の「日本文化」観については別稿（『日本文化史研究』一九二四年）に言及がある。「只文化になるべき成分があつた所へ、他の国の文化の力によつて、段々それが寄せられて来て、遂に日本文化といふ一の形を成したのではないか」というものである。[5] プレ「日本文化」というべきものに潜在的な価値を認めつつ、同じく中国文化の影響を受けた新羅と差別化した「日本文化」に価値を認める認識がうかがえよう。そのためにも、「天平文化」が着目された。

　このように、「天平文化」論は、歴史の偶然や雑誌の一企画として済ますことはできない。「日本文化」をどう考えるかという、大きく、切実な問いと表裏一体だった。同様の問いに向き合っていたのが和辻哲郎である。彼は「天平美術の様式（未定稿）」という論稿のなかで、唐文化の受容を再考した。「外形的な模倣ではなくして、内部に同じき時代精神の勇躍せるを証示してゐるのである。当時の日本の特殊性はたゞこの同じき文化潮流内に於ける地方的、民族的特殊性として理解されねばならない。」「たとひ唐に於て日本と同じき様式開展が日本よりも早く日本に対する模範として行はれたとしても、それをより純粋な形に高めたのが日本であると云ひ得るであらう。」[6]和辻の場合は、内藤のように文化の歴史的伝播ではなく、「時代精神」「文化潮流」といった〈普遍的〉な存在を仮設して、文化受容の問題を考えようとしている。いわば、「中華」(「天平」期であれば唐、近代でいえば西洋)からの文化受容をどのように考えるのか、受容する側である「日本」の主体性や世界における位置付けをどのように考えるのかという問いがここにはあるといえる。むろん、そこには「日本」とはなにかという問いも付随する。それもふくめて、日本的なるものへの問いと、その問いを過去に遡及させてなんらかの手がかりを掴もうとする知的試行錯誤のあとを彼らの「天平文化」論から読み取ることができる。

二　天平改元千二百年記念と「昭和」

ごく一部の風雅な知識人・文化人による「天平文化」論が、大きな問いを背負いながらも、当時の大衆社会に受け入れられるのは、いまひとつの媒介が必要であった。それが一九二八年の「天平文化」顕彰である。元号「天平」は七二九年から始まっており、一九二八年は天平千二百年にあたっていた。折しも、一九二八年は昭和天皇の即位大礼が行われた年であり、国内の祝賀ムードもあいまって、「天平」の時代が始まったばかりの「昭和」へと召喚されたのである。その本拠地はむろん奈良だった。仕掛け人は朝日新聞社である。同社は大典記念と天平改元千二百年記念のために天平文化記念会を結成した。一九二八年元旦の『大阪朝日新聞』で発表された「本社今年の新計画」には「『天平』文化宣揚運動」と称して「天平の文物は実に我国文化史上の画期的偉観であつて、その史料は制度律令、文学、美術、宗教の精華から生活様式の末に及び、生気に燃ゆる昭和の文化と対照して、吾等に無限の歓喜と興趣を覚えしめる」とある。(7)

その後、二月五日に奈良ホテルで協議会を開催し、荒木寅三郎京都帝大総長ら参集のもと、総裁に梨本宮、副総裁に荒木、会長に村山龍平（朝日新聞社社長）、評議員に三上参次（臨時帝室編修局編修官長）、黒板勝美（東京帝国大学教授）、瀧精一（東京帝国大学教授）、正木直彦（東京美術学校長）、佐佐木信綱、松本文三郎（京都帝大教授）、内藤湖南、三浦周行（京都帝大教授）、濱田耕作ら帝大教官と春日宮司、東大寺、唐招提寺、法隆寺各管長ら寺社関係者を含む三二名が名を連ねた。

彼らは四月三日に梨本宮を招いて奉戴式を実施するが、それに先立つ三月中旬から講演会、展覧会「天平文化綜合展覧会」（三月二五日から四月二五日まで、会場は朝日会館展覧場）を開催した。前者は『天平乃文化』、後者は『天平文化綜合展覧会出品目録』『天平文化大観』として朝日新聞社から刊行された。後者はそれぞれ、会場に出品された寺社、個人所蔵の文物の品名が「彫刻」「絵画」「経巻」などに分類された目録と、「千二百年の風霜を凌いで正倉院の宝庫や旧都の寺院その他名家にその当時の姿を遺してゐる最も優秀なもの」を選りすぐって撮影し「高級印刷」に付した写真集である。(8)これらの諸作品が醸し出す「天平文化」観の分析は美術史家による検討を待つとして、本論では『天平乃文化』に寄稿された諸論稿から彼らの「天平文化」観を追いかけてみたい。

投稿者は評議員と重なる。名前と執筆分野・内容をあげれば以下のようになる。

松本文三郎（仏教）、新村出（国語）、瀧精一（芸術）、伊東忠太（建築、東京帝大名誉教授）、天沼俊一（建築、京都帝大教授）、喜田貞吉（都・城跡、京都帝大講師）、西田直二郎（民衆、京都帝大教授）、内藤湖南（唐影響）、三浦周行（政治）、関野貞（彫刻、東京帝大名誉教授）、武田祐吉（国文学、國學院大學教授）、澤村専太郎（絵画、京都帝大助教授）らである。

内藤湖南の寄稿タイトルは「唐代の文化と天平文化」で、『天平芸術の研究』寄稿論文とほぼ同題である。しかし、内容はやや変じていて、まとめれば以下のようになる。東洋では中国の文化が中心に広がり、その周囲で新しい文化が芽生えた。そのなかでも重要なものが「天平文化」であるとされた。興味深いのは、その受容過程について、日本において最高の教育を受けて教養をもつ人物が中国と同じ水準だったから迅速に、かつ有能に移すことができたとした点である。彼は中国文化の当時の先進性を前提としつつも、日本側でそれと同等の教養をもつ人物を日本側に設けるという独特の受容論を展開している。「天平時代に日本が持つて居つた文化は殆んど全部支那文化の輸入であつたといたしましても、当時他の国々が真似の出来ないやうなことを当時の人々は成し遂げたのでありますのみならず、その外に日本人は日本の国語を持つて居りまして、日本語の文学をも作り得ましたことがまた非常にえらいことであります」[9]。「天平文化」論にみられた文化受容における受け手の主体性の問題が、中国文学の泰斗をもとらえていることが確認できる。ただし、同僚でインド文化・仏教美術史家である松本文三郎にいわせると、天平の文化は中国文化の直輸入ではなく、よく理解のうえ同化したものであるとして、受容をめぐって内藤とは認識の差異がある。

さらに、内藤と約七〜一〇年の年齢差がある瀧や新村になると、中国からの文化受容をめぐってさらに別の説が提示された。すなわち、より日本側の主体性を打ち出している。瀧は「その〔天平〕の文化、その芸術が大陸の物を移植したのであることも甚だ明白である。我等は之を模倣とは見ないのである。模倣ではなくして移植である。移植であつて、而かも尚ほ大陸の物の粋を集めてゐるのである。」と語る。[10]この「移植」という捉え方は新しいが、別頁でそのイメージが語られている。「我祖先は我国の物は我国の物として之を保存し、別に又外国のものを取り入れて、その取り入れたるものをそのまゝに働かしめ、強ひて之を変形せしめずに、之を我の為めに働かしめ、且つ以て我の足らざるを補はしめた。そのやり方の大胆さに驚くのである。[11]」

こうした受容側の主体性を強く打ち出した文化交渉の視点は、新村の論稿「天平時代の国語」にもみられる。彼は「万葉時代或は天平時代においては、外来的の思想と国粋的或は純日本の伝統的文化思想といふものとが相対立して居りまして、此の外来的なものと国粋的なるものとが両々相対立しつゝ、一は他を制御し、或は一は他を牽制しながら両々相進んだかのやうに見えますが」と述べている。[12]瀧のいう自国文化保存にいそしむ「祖先」と、新村のいう「純日本の伝統的文化思想」なるものが実在していたかはともかく、彼らをかく想定させた思考は、〈創造された伝統〉と結びつくもので興味深い。

瀧よりやや年齢が上の三浦周行も、「大局から観察したならば、支那文化の陶酔と見るよりも、寧ろ前代より進められた其模倣採用が此時代に至つて一段の理解を有つて高潮に達したと見た方が当つてゐよう。」としてほぼ同じことを述べている[13]。やや異なるのは「一般」、すなわち文化を受容する層を想定し、彼らの咀嚼が文化的な昂揚を生み出したという見方である。

　こうした観点を引き継ぎながら、以上の人びととまったく異なる「天平文化」観を語ったものが、三浦より一五歳若い気鋭の日本史学者・西田直二郎（京都帝大教授）である。西田は「文化史上に於ける天平時代の民衆」と題する論稿で、まず天平時代＝貴族的文化時代として捉えることへの違和感を打ちだし、「民衆」の精神への着目を述べる。「凡そ日本の歴史発展の大勢から観れば、天平時代はこの欲望の増大によつて、よほど近代的色彩を帯びたものと云ふことが出来る。即ち近代的社会相と天平時代のそれとは人間意欲の増進において似通ふと考へるのである。[14]」意外にも、西田は古代の「天平文化」に創られた「民衆」が跋扈する「近代」の諸相を読みこもうとした。そこには、土地私有や貨幣普及・蓄積による「資本主義的精神」の胚胎がみられるとする。ただし、そのまま「近代」の引き写しとするのではなく、「物質的なる方面の進展とともに、この物質と精神との調和、物質の世界と精神の世界との調和と統一が考へられたところに天平文化の特性があると言ふことになる。而して実はこの調和と統一に天平時代の文化の優秀さがあるわけである。」として[15]、理念化してとらえられた。この大胆かつ一見突飛な「民衆」史観は、その後の西田の日本文化史観への軌跡を知るものにとっては興味深い。

　西田による「天平文化」への「近代」の読み込みは、他の論者から浮いているようにみえる。しかし、他の論者も「天平文化」を論じながら先進的な地域からの文化受容を試行錯誤しながら図式化しており、自覚的か否かは別として、「昭和」の始まりに「近代」という時代を読み込み、再・文明開化の行く末を思考していたといえる。それゆえに、同じ文化を論じても、中国文化を模倣したものなのか、いや模倣ではなく「移植」なのか、そもそも「国粋的なもの」を時代に認めるのか、彼らの捉え方には大きな相違があった。これを「天平文化」としてまとめることには違和感があり、時代の要請からまとめてしまったことの軋みが各論者の「天平文化」観から伝わってくる。その軋みがさらに大きくみて取れるのが次の戦時期の「天平文化」論である。

三　戦時下の「天平文化」顕彰

「天平文化」顕彰は朝日新聞社による大きな打ち上げ花火だけで終わったわけではない。その周辺でさまざまな関連事業が実施された。新聞記事によれば、「奈良朝皇陵巡拝」といった、いかにも大典記念と連動した事業が企画されたようだ[16]。出版では、一九二八年七月に、先述の執筆者も含みながら、奈良で刊行された雑誌『寧楽』の特集号として『天平文化史論』が刊行された。重ねて朝日新聞社による『元暦万葉集』の刊行がある。一一八四(万歴元)年に校合された「万葉集」で、写本のなかでもとくに重要なものとされる。佐佐木信綱が編者となり、二〇巻と付巻、解説を付して刊行された[17]。佐佐木は、その附録で「この元暦万葉集大成本の刊行は、必ずや万葉学史上に、不朽の事業として残るであらうと思ふ」とその意義を語っている。[18]

万葉との関連で触れておくべきは、いまも春日大社にある万葉植物園の創設である。春日大社で同園の創設が決定し、奈良県知事、市長、春日宮司らが発起人となって、大学教授らが期成会を組織（総裁近衛文麿）して建設が進んだ。[19] 万葉植物が植えられ、春日大社で開園したのは一九三二年である。

以上でみたように、そのほとんどが奈良を地盤とするもので、他県や全国にまで広がったとはいいがたい。それでも、一九二〇年代末頃ほどとはいえないが、一九三〇年代にも「天平文化」論を認めることができる。そのなかで積極的に奈良古代文化を論じたのが保田與重郎である。

保田は一九一〇年奈良の生まれである。西田よりも二四歳年下である。それでいて大阪高等学校在籍時代（一九二八—一九三一年）からすでに『校友会会誌』に白鳳・天平文化に関する論稿を発表している。そのため、これまで紹介した論者とはまったく異なる観点から「天平時代」が語られる。まずは、彼が天平改元千二百年の企画展に触れた文章を、雑誌『コギト』一八号（一九三三年一一月）に発表した「当麻曼荼羅——芸術とその不安の問題」の中から確認してみよう。

天平絶対の精神の崩壊は、一つに時代の変遷である。思ふに芸術批評のあらゆる問題も時代に付随するといふ一つの考へ方を好個に実証したものでなくてはならない。しかも天平絶対の精神の崩壊が、ほゞ東大寺に於て天平以降第四回目の大祭を執行し古ながらの奈良法師が大仏殿内外を守護徘徊した頃、或ひは天平改元千二百年を記念する天平文化の模作品展覧会が大阪朝日により挙行された頃、この二つの記念祭の祭鐘が弔鐘となつて響きはじめたところの現代のカリカチユアの中に、進行を開始しかけた如く得える。けだし白鳳への関心がまづよびさまされる。いまや天平以外の時代が私らの精神によびかけてくる。[20]

天平改元千二百年のイベントに多くの識者が「天平文化」を昭和の時代と重ね合わせながら、その意義を語っていたのに対し、保田はむしろ「天平絶対の精神の崩壊」がイベントを「弔鐘」として進行したという逆向きの方向を読み取っているのは興味深い。保田は、『古寺巡礼』に代表される和辻哲郎の「天平」評価を例にあげながら、「あらゆる芸術批評の尺度は天平を標準とし、天平から一歩も出でず一歩も退かうとしなかつた事は事実」だとして、[21]一九二〇年代までの「天平絶対の精神」がもはや変遷する時がきていることを示唆する。

「当麻曼荼羅」から数年後に書かれた「白鳳天平の精神」(『新潮』一九三七年七月号)になると若干論調が変わる。もともと光明皇后の存在を中心にして「天平文化」をとらえていた保田は、同論では「白鳳の詩歌に対する天平の美術」という「常識」に異議を唱え、大伴家持(『万葉集』を編纂した歌人)をすくい上げながら、双方の時代をともに連続的に評価しようとした。これは保田自身が「芸術批評のあらゆる問題も時代に付随する」と述べるごとく、当時の世相をうけての変化だと思われる。保田は、とみに「白鳳天平」の時期を高く評価する。「白鳳天平といふ時期は唯一に誇るべき我国の文化時代を示す」とか、「前後を通じての日本に於て、最も世界精神が名実ともに豊満に流通した日」「我々の東海の島国が、かけらもの島国根性をもたなかつた時代」と述べている。[22] 本論で知りたいのは、なぜにこのような特徴をもって保田が「白鳳天平」時代をとらえようとしたかであるが、次の一節が参考になるだろう。「例へば新薬師寺の天平諸仏が示す世界は、すでに近代の憂愁に、近代の哀歓に、そして一般に近代の理智と神経に近いものがあつて、やがて国民の流れとなるもののあはれの気分主義が、あの雄大の天平建築の内部に、沈んでゐるさまはまことに驚くべきほどである。[23]」保田もまた「天平文化」に「近代」の諸相を読み込んではいるが、それは文明受容とか、資本主義とか、そのような近代世界がもたらす文明開化の明るさだけで彩られたものではなく、どこか憂いや哀しみを含んだ世界であった。そして、この世界は以下のような、現実の日本への鋭い批判となって保田のなかで立ち現れている。

我々の島国が島国根性を得、さうしてアジア的征服に、前代政権の所有物の一切を、学芸も美術も設備もすべて火中に投ずる復讐的快感を味ひ出したのはずつとのちである。今日さへ封建的遺風にとみ、アジア的復讐精神にとむ人々は、今日の言葉でいふ「反日本主義」の名のもとに、文化上のアジア的遠征を日夜に敢行してゐる。かういふ残存の封建遺風の中では、私はただただ白鳳天平の諸芸のまへに立つて絶望を今日に感じるのみである。[24]

「白鳳天平」の時代と向き合ったがゆえの、「近代」に対するアイロニカルな視点がここにはある。さらに彼が「天平文化」に向き合って生まれたのが、保田が一九四一年に刊行した『近代の終焉』(小学館)に収録された「天平の精神」であった。紀元二千六百年記念として行われた東京帝室博物館での正倉院御物展の感想をつづったものである。ここでは白鳳・天平と並び称されるのではなく、大伴家持を登場させて、天平時代それ自体の意義が語られる。「白鳳天平の精神」よりも、天平時代のもつ固有の価値を保田は強調している。「天平時代の日本人のもつてゐた美学といつたものは、観点としても行為としても模倣以外を考へ得なかつた文明開化時代の我国の智識から守らねばならなかつたものである。」[25]

ではこの「日本人のもつてゐた美学」とはなにか。ひとつは、その美学を体現しているともいえる大伴家持である。保田は、大伴が「丈夫が心の生き難さを生き抜く日の志を、天皇に結びつけるみちに於てみいだして高唱したのである。彼の大君の歌は、国体を意識し、しかも切ない日の民の思ひを明らかにした意識に於て最も高い文芸である。」として、彼を「天平時代を代表する最大歌人」だと評した。[26]そして、もうひとつは彼が体験した正倉院の「御物」である。「御物の示す古代の高尚な趣味は、近代の世界都市が芸術を理解した頂上で築きあげた最高の趣味よりも、はるかに近代性をもつと思はれるものであつた。それでゐてこの古代は我々の近代に入るとき強力に四辺をうち破るやうな力をもつてゐるのである。[27]」ここでも、保田は、天平時代に「近代」をみてとっている。以前のようなアンビバレントな部分を内包した「近代」がそこに読み込まれつつも、そこから「憂愁」や「哀歓」が流れ出す側面ではなく、「近代」をうちやぶる側面が描かれるのである。「古代」ゆえに可能だというわけではない。保田が大伴の存在や御物展の感想を丁寧につづるように、それは古の天皇という価値に結びつけて補強される必要があり、さらにはその価値に基づく「批評」と「組織」が必要だった。

奈良朝文明がもつ本有の日本を云ふことは我らが各方面に於て守らねばならぬ真理であつた。そこには大陸からきたまゝの物産も多い。しかしそれは文明の大様さを示す一条件である。我々の述べようとすることは、さうした文物を批評し組織した日本人の機能である。その機能は即ち大本の創造力であり、しかも古のものでなく今日の根柢となるものである。かつて我々は御府の伝世した事実の偉大さを十分に知つてゐた。今はそこに選択されたものの優秀さと共に、加へてそれらを産み組織し批評した一つの創造力の大本に遡つて、日本の古代人の文明の偉大さを知り得たことを、改めて私の如く未だ拝観の時をもたなかつた草莽の文士は歓ぶのである。[28]

一九三〇年代以降に保田が取り組んできた白鳳・天平評価の推移をひもとくならば、他で紹介した論者と同じくこれらの時代に「近代」を読み込むものの、そこには「近代」でありながらそれに収まらない部分が担保されるという両義的な記述がみられる。しかし、一九四一年末の対英米開戦や「近代の超克」が問われる前夜にあって、古の天皇を始点とした「近代」をうちやぶる可能性がほかならぬ「天平文化」に読み込まれることになった。

おわりに

保田の論をかえりみるならば、本論で紹介した一九二八年刊行の『天平乃文化』が朝日新聞社から一九四二年に再刊（タイトルは『天平の文化』）されているのもうなずける。同書には「昭和十六年の末、大東亜戦の興りて愈よ日本文化を中外に光輝あらしむべしとの声澎湃としてあがりたるを機として」と記され[29]、時局下の文化宣揚で本書が一役買っていた。

それにもかかわらず、「天平文化」顕彰は敗戦とともに歴史の暗闇へと落ち込むことはなかった。むしろ、敗戦後不思議にも復刊が相次いでいる。例えば、『天平の文化』は一九四七年に朝日新聞社から再刊された。本書で取り上げた、飛鳥園から一九二五年に刊行された『天平芸術の研究』も、一九四七年に改訂四版が明和書院から刊行された。編者・小川晴暘の「後記」によると、一九二六年には再版、一九二八年には三版が刊行されたこと、一九二八年の朝日新聞社の企画によって「古美術の研究とは老人の骨董趣味位に考えていた一般の人達も初じ《ママ》めて「天平文化」の華麗さと近代文化にも大きな影響を持つている事を理解するようになつた」ことなどが綴られている[30]。まだ敗戦後まもない時期に本書を出したのは、敗戦後の日本が打ち出した「文化国家」としての再出発に本書が資するものであってほしいという願いがあったようだ。明和書院は明和美術叢書と銘打ち飛鳥園や小川の編で『正倉院図録』

『正倉院の研究』、また『正倉院御物展　出品目録並解説』も刊行した。「天平文化」が戦後日本に位置づけられていく過程を跡づけることができよう。

敗戦後の奈良では、東大寺塔頭観音院住職だった上司海雲を中心に、彼の交友者が集まって「天平の会」が結成された。もとは一時奈良に移住していた志賀直哉が一九三八年に帰京したのちに結成された親睦会の好日会が、二、三年続いたが途絶え、それを引き継いだものである。[31]一九四六年四月に発会式が行われ、黒田正利、河合卯之助、須田剋太、入江泰吉らが参加し、ときに会津八一や志賀直哉を招くこともあった。[32]一九四七年三月には、その名も『天平』を全国書房から創刊した。創刊号の「編輯後記」には「日本の文化時代では、その純粋性において、またその隆盛において、何といつても奈良天平時代が第一位だと思ふ。」「人の心がそれだけ純粋だつたのだと思ふ。」と「天平」に仮託した理由が記されている。[33]天平時代は、敗戦後のすさんだ「日本」人の心性を奮い立たせるなにかがあったわけである。続けて「編輯後記」には、「狭い小さい山国の盆地からあの文化が生れたのは故ないことでないと思ふ。国は狭く小さくなつても悲観するに及ばないので、今後の生き方さへ良ければ、この暗澹たる敗北日本を、将来世界の天国にも化することが出来る。その立派な手本がそこにあると思ふ。」とある。[34]会に招かれた会津八一が講演のなかで「天平の貴いのは天平が現代にどれだけ生きてゐるかといふことである。これはあらゆる時代に必要なことではあるが、とりわけ現代のこのけはしき時代に於ては最も大切であらう。」と述べているのも同じ趣旨だろう。[35]帝国時代の領土をなくし、新たに日本「文化」再建をめざすうえで、天平時代がモデルとなった。ただし、その「天平」とは保田がとらえた時代相というよりは、一九二八年の時点で「天平文化」に読み込まれていた「近代」の諸相であった。

さて、本論をそろそろとじることにしたい。本論での問いは、なぜ奈良の古代文化のイメージがこうも根強いのかということであった。しかし、じつはイメージそれ自体が根強いのではない。本論で取り上げた「天平文化」を例にとるなら、イメージは二転三転している。一九二〇年代後半における「天平文化」像とは、模倣ではない「日本」文化や精神を時代に読み込み、位置づけようとするなかで形象されたものだった。時代背景から唐や新羅といった古代東アジア文化に対する優位性や独自性をなんとか確保しようとする試行錯誤の跡がみられるが、これは「昭和」初期において先進的な文化への受容を再考するなかで近代日本の国是ともいえる近代化を再措定しようとする意図が滲み出たものだった。これに対し、一九三〇年代になると、その様は変化する。本論では保田の論を取り上げただけだが、「天平文化」にはある種理念的で爽快な近代世界が想定されるとともに、「憂愁」「哀歓」といった憂いや哀しみも含んだアンビバレントな文化・時代像が提示されているのである。そして後者は、時代の歩みとともに、「近代」を打ち破るものへの可能性が読み込まれていった。しかし、この試みは敗戦で影を潜め、ふたたび「文化国家」の模範対象として、日本にあるべき「近代」をもたらすであろう「天平文化」像がふたたび前面に押し出されていった。このように、本論では、「天平文化」顕彰の思想をテストケースとして、「創られた伝統」の歴史的なプロセスを明らかにするとともに、「創られた伝統」における革新性を導き出すことにつとめた。革新性とは、「天平文化」

という「古代」表象にもとづく時代への対峙と変革への意志であり、自らのイメージを時々の時代に応じて変化させていく革新性でもあるが、それは一見「伝統」的な装いをとるがゆえにこそ生まれる変革への志向であったといえるだろう。

《注》

1. 拙稿「奈良のモダニズム」『EURO-NARASIA Q』二二号、二〇二二年一〇月。
2. 高木博志『近代天皇制と古都』岩波書店、二〇〇六年、七八頁。
3. 濱田青陵「奈良と慶州」『奈良文化』五号、一九二四年一一月。
4. 内藤湖南「唐朝文化と天平文化」『天平芸術の研究』飛鳥園、一九二五年。
5. 内藤虎次郎『日本文化史研究』弘文堂書房、一九二四年、一四頁。
6. 和辻哲郎「天平美術の様式(未定稿)」『天平芸術の研究』飛鳥園、一九二五年。
7. 「『天平』文化宣揚運動」『大阪朝日新聞』一九二八年一月一日付。
8. 『天平文化大観』大阪朝日新聞社、一九二八年。
9. 内藤虎次郎「唐代の文化と天平文化」『天平乃文化』朝日新聞社、一九二八年、四七九頁。
10. 瀧精一「天平時代の芸術」前掲『天平乃文化』二三四頁。
11. 同右、二三七頁。
12. 新村出「天平時代の国語」前掲『天平乃文化』二四一頁。
13. 三浦周行「天平時代の政治」前掲『天平乃文化』四九七頁。
14. 西田直二郎「文化史上に於ける天平時代の民衆」前掲『天平乃文化』三八一頁。
15. 同右、三八八頁。
16. 『東京朝日新聞』一九二八年三月一九日付朝刊。
17. 『東京朝日新聞』一九二九年一月三〇日付朝刊。

18. 佐佐木信綱「序言」『元暦万葉集』朝日新聞社、一九二九年。
19. 『東京朝日新聞』一九二九年七月一五日付朝刊。
20. 保田與重郎「当麻曼荼羅　芸術とその不安の問題」『コギト』一八号、一九三三年一一月。
21. 同右。
22. 保田與重郎「白鳳天平の精神」『新潮』一九三七年七月。
23. 同右。
24. 同右。
25. 保田與重郎『近代の終焉』小学館、一九四一年、六三頁。
26. 同右、六二頁。
27. 同右、七〇頁。
28. 同右、六九頁。
29. 「再版の序」『天平の文化』上、朝日新聞社、一九四二年。
30. 「後記」『天平芸術の研究』明和書院、一九四七年。
31. 上司海雲「志賀直哉氏とともにした私の訪京日記」『天平』一輯、一九四七年三月。
32. 「「天平」襍記」『天平』二輯、一九四八年五月。
33. 「編輯後記」『天平』一輯。
34. 同右。
35. 前掲「「天平」襍記」。

由良哲次と「神ながらの道」
――今後の研究に向けて

西田　彰一

（写真1）由良哲次

はじめに

本稿は戦前の奈良県出身の哲学者であり、美術評論家でもあった由良哲次《ゆらてつじ》（1897〜1979）について、その思想史的意義について考えるための試論である。[1]由良哲次は、奈良県出身の哲学者、美術評論家（奈良県立美術館に旧蔵の美術品を由良コレクションとして寄贈）であり、『旅愁』などを著した新感覚派を代表する作家、横光利一《よこみつりいち》（1898〜1947）の友人であった人物である。とくに横光利一については交流が深く、『横光利一の芸術思想』（沙羅書店、1937年）という本を著し、また横光に筧克彦《かけひかつひこ》（1872〜1961）の「古神道」「神ながらの道」を教えたと思われる人物である。戦前にナチズムと関わったこともあってか、由良の研究はあまり多くない。[2]だが、筧の思想の広がりを見るうえでも、由良、そして由良と親しかった横光への影響の研究は考える余地がある。本稿では、由良の生涯を概説し、由良が昭和戦前期から戦中期にかけて、「神ながらの道」に注目していたこと、由良の友人であった横光が筧の思想に傾倒していたことについて触れ、今後の展望を論じたいと思う。

由良哲次の生涯について[3]

由良は1897年2月7日に、奈良県添上郡柳生村（現在の奈良市）大字丹生第参拾番屋敷に生まれた。由良家は丹生《にう》神社の神官の家系で、父の市太郎は由良製糸工場を経営し、村長を務めたこともある人物である。三重県立第三中学校（現在の三重県立上野高等学校）在学中に、弁論部にいた一年下の横光利一と知り合うようになり、親交を結ぶようになった。由良は特待生に選出されるほど成績は優秀であったが、15歳（1912年）の頃に父市太郎の工場が冷害の影響を受けて倒産していたため、1915年に中学校を卒業した後は、滋賀県師範学校第二部に入学し、翌1916年に同校を卒業した後は、小学校の訓導として滋賀県に職を得た。

その後進学の機会を得て、1918年に東京高等師範学校文科第一学部予科二組に入学し、校長の三宅米吉と歴史学の峰岸米造から古代史と考古学の手ほどきを受けた。1922年には、東京高等師範学校専攻科修身教育学部に進学し、1924年に卒業した後は、東京高等師範学校教授吉田弥平の次女きよと結婚、のちに一男三女と四人の子を儲けた（きよの姉の夫は俳人の水原秋桜子。弥平の次男俊男は山の上ホテルの創業者）。さらに京都帝国大学文学部哲学科に入学し、西田幾多郎と田辺元の指導を受けた。1927年に卒業後は、同大学院哲学研究科に進学し、翌年の1928年からドイツに渡り、ハンブルク大学哲学科に入学した。[4] ハンブルク大学ではカッシーラーの講義を受けつつも、息子の由良君美によれば、「カッシーラー教授とトニー・カッシーラー夫人の主宰される茶会に、（曾我――引用者注）蕭白の書幅を持参して坐興とするような、父の性情を見抜かれたのか教授はカッシーラー哲学を押しつけることはあえてせず、自己の体系とは異質の、ヴィルヘム・ディルタイの解釈学を、研究テーマとするよう奨められた」とあるように、カッシーラーの勧めによりディルタイ学派の研究に取り組んだ。[5] 1931年にハンブルク大学で哲学の学位を取得。学位論文の内容は、バーデン学派・マールブルク学派・ディルタイ学派の精神科学方法論を、意思法則定立の面より批判的に吟味し、結論として、ゲーテに由来する〈スコポロギー〉という言葉を用いた、精神科学方法論の理想を構想した。また副論文として、大乗仏教唯識論の〈阿頼耶識〉をカントの〈意識一般〉と対比詳論する論文を提出している。

1931年に帰国後は東京高等師範学校の講師を経て同年中に同校教授に昇任、また、東京聾唖学校（同年から）、東京文理科大学（1934年から）、日本大学（1938年から）、明治大学（1938年から）、神宮皇學館（現在の皇學館大學）（1943年から1945年まで）、傷痍軍人中等学校教員東京養成所にも出講し、講師を務めた。1939年には『政界往来』の懸賞論文に当選し、近衛公爵賞（正賞時計一。副賞三万円）を得ている。

敗戦後は戦前戦中の行いを反省したとして、1945年中に神宮皇學館を退職、1946年には東京高等師範学校に辞表を書き、文部教官を依頼免官、翌年の1947年には公職追放に処せられた（1951年まで）。その後は富士書店を開設し（1946年～1954年）、公職追放解除後中京大学教授、小田原短期大学教授、東北学院大学教授に就任するも、籍を置いたのみで、出講したり俸給を受け取ったりはせず、在野での研究活動を続けていた。

戦後は日本浮世絵協会の会員となり、東洲斎写楽＝葛飾北斎説を唱え、長野県小布施岩松寺の本堂天井画「鳳凰図」を北斎の真筆として鑑定し、1978年に小布施市の名誉市民となるなどの活躍を見せた（ただし現在の美術史ではどちらの説も否定されている）。また、日本の中世史や古代史、考古学にも注目し、独自の研究にいそしむなどをして過ごした。

また、晩年は障害児の教育施設建設のために保有していた土地が、関越自動車道の建設予定地や自動車工場の建設予定地となり、その土地の売却資金を元手に資産運用にも成功し、財産的に恵まれるようになった(6)。これを活用して、親友だった横光利一の顕彰活動に取り組み、あるいは橿原考古学研究所やボストン美術館に私財を寄付し、また財団法人由良大和古代文化研究所基金（現在の公益財団法人由良大和古代文化研究協会）を設立して、文化研究の援助、文化功労者の顕彰活動を行うなどの社会活動にも取り組んでいる。また、浮世絵コレクターとしても著名であり、生前に蒐集した浮世絵をはじめとする古美術のコレクションは、奈良県立美術館に「由良コレクション」として寄贈されている。１９７９年に死去。死後その蔵書は奈良教育大学附属図書館と滋賀大学附属図書館教育学部分館に寄贈されている。著書は『歴史哲学研究』（目黒書店、１９３７年）、『南北朝編年史』（吉川弘文館、１９６４年）、『総校日本浮世絵類考』（画文堂、１９８０年）、『邪馬台国は大和である』（学生社、１９８１年）など多数にわたっている。

息子の由良君美によれば、東京高等師範学校教授に就任して以降、新カント学派の歴史認識論とディルタイ派の解釈学を精究したことが、後年の研究を決定し、また歴史への興味が哲学的基礎付けを持ったことで、いっそう強固なものになったとのことである。特に、山田孝雄との出会いからは大きな影響を受けている。山田は神宮皇學館に由良を招き、１９４５年まで、集中講義に招いている。その頃北畠親房に注目していた由良は、神宮文庫に通いつつ、山田と古文の輪講を行ったとのことである。[7] これらの研究は、戦後『南北朝編年史』（吉川弘文館、1964年）にまとめられ、毛束昇との共編で『後南朝編年史』として続刊している。

由良哲次と横光利一、筧克彦の「神ながらの道」

さて、由良と横光の関係についてであるが、由良と横光が出会ったのは、前述のとおり三重県立第三中学校弁論部である。由良は「横光が中学で一番、足を伸ばすというか、驥足を伸ばしたのは弁論部です。つまり雄弁部でして、ここでは、私と横光とが委員をしておりまして。そこでいろんな議論や弁論をしたものです」[8]と回顧している。由良は横光のことを高く評価しており、『横光利一の芸術思想』を1937年に刊行している。[9]

横光と由良の関係については、随筆の「芭蕉と灰野」の中で、横光が松尾芭蕉を祖先に持つという誰にも話した覚えがない秘密を、なぜか由良が知っていたというエピソードで触れられるように、由良とは古い付き合いであったことがその随筆にも記されている。[10] また、由良から峰岸の古代史の講義ノートを横光が拝借し、古代日本に着想を得た出世作である『日輪』を執筆したともされている。[11] ほかにも、「馬車」という小説に由良という人物が登場したり、代表作である『旅愁』への資料の提供や、同作の主人公矢代耕一郎のモデルが由良であるとまことしやかに噂されるなど、終生由良のことを意識していたようである。[12] また、由良のほうが横光よりも一年先輩であったので、西洋と東洋との葛藤を抱えていた横光にとっては、旧知の学者であり、同じような課題に煩悶していた由良はよき知的相談相手であったのではないかと考えられるのである。

さて、その『旅愁』のあらすじについてであるが、『旅愁』は日本伝統主義者である矢代耕一郎と、ヨーロッパの合理的精神に心酔する久慈、そして２人の憧れの人であるカトリック信者の宇佐美千鶴子らの恋愛模様の様相を描いた未完の長編小説であり、パリ、東京を舞台に、東洋と西洋、伝統と科学などの問題を主題として知識人の混迷と苦悶を描いている。この物語の後半に主人公の矢代耕一郎がその恋人宇佐美千鶴子のカトリック信仰との文化的断層を克服する方法として、「日本人本来の希《ねが》ひ」である「古神道」に目覚めていく様子を描いている。[13] また、１９４１年の「日記から」というエッセイにおいて、10月30日にベルクソンの研究者である佐藤信衛の『哲学試論集』と同時に、筧克彦が「神ながらの道」の日常実践について論じている『神ながらの実修』の第一章を読み、あらためて感心したこと、未知の他人の投書で最近みそぎに凝っていることを非難されたが、世間の人は何もわかっていないと記している。[14] また翌日の10月31日にも、筧克彦の『国家の研究』を読み、「この書物は非常に優れた著作だ。日本の特殊性をただ単なる特殊性とは見ず、各国の多様な国家といふ普遍性の中から日本の要素を抽ぎ出し、それを特種性にまで高めてゐるところが、優れた文化論といふべきだ」と評価している。[15] 由良にとって「古神道」は、離れた恋人との心のつながりや、西洋と東洋の違いを飛び越えてむすびつけるための、日本本来の思想なのであった。

一方の由良については、筧に対する直接的な言及は筆者の調査不足もあってかまだ見つけられていない。しかしながら、筧と由良は法学と哲学と専門は異なり、歳も20歳近く離れているけれども、ともにドイツでディルタイ学派について学んだ点は共通している。また、筧が世界における日本の特異性を評価するために用いていた概念である「神ながらの道」を評価したうえで、「我が教育界の新体制は伝統的な革新であり、革新とは復古への変化である。（中略）新体制の原理となるのは、この道であり、新体制の実現と翼賛とは、一つに唯この道をそれぐの地位職域にあつて遵行することである」と述べ、近衛新体制運動の評価とも結びつけているのである。[16] そして、日中戦争（日支事変）における近衛声明は、東亜の新秩序の形成を目的とするものであり、「ヒットラー」が現下の第二次大戦下で盛んに唱えている「オルドヌング」は日本をモデルに演繹されたものであるので、日本こそが先んじて新秩序を実現せねばならないと唱えるのである。[17] 本来、筧の「神ながらの道」は、明治末期から大正初期にかけて形成され、社会主義思想などへの対抗のために唱えられた体制保持のための概念である。[18] この「神ながらの道」を由良は、近衛新体制の社会変革のための概念として読み替え、位置づけなおしたのであった。

おわりに

以上、まだ試論ではあるが、由良哲次の経歴とその思想について論じた。筧と横光の関係については、しばしば言及されているが、その両者の間には、由良がいたのではないかというのが今回の仮説である。由良については、「神ながらの道」のほかにも、そもそもなぜ神道を論じるようになったのか、横光との関係の深堀りや、哲学者としての議論の形成、さらには哲学者として大成してから本格的に論じるようになった、歴史論や美術論とその展開など、まだまだ検討しなければならないことは多いが、今後少しずつでも解明できればと考えている。そして、その際には、所謂その「ナチス神道」を単に批判するだけでなく、なぜそのような思想を形成するようになったのか、その影響はどのようなものであったのかについても考えていきたいと思っている。

《注》

1．（写真1）は嶋田暁編『由良哲次博士を偲ぶ』（由良大和古代文化研究協会、1996年）の巻頭の写真から引用した。

2．四方田犬彦『先生とわたし』（新潮文庫、2010年）には、由良君美《きみよし》が父由良哲次の思想を「ナチス神道」であったと教え子の武田崇元に仄めかす場面が登場する（146頁）。由良哲次の長男である由良君美（1929～1990）は、英文学者で東大教授、翻訳家。イギリスロマン派を専門とし、とくにコールリッジの研究家として知られていた。また、70年代から80年代の現代思想ブームにおいては批評理論の導入に尽力した人物である。（阿部公彦「由良君美とは何者か」（じんぶん堂）https://book.asahi.com/jinbun/article/14678773）（閲覧日2023-12-14）

3．本節は「由良哲次年譜」嶋田暁編『由良哲次博士を偲ぶ』（由良大和古代文化研究協会、1996年）の内容を参照した。

4．ドイツに留学した理由を、四方田犬彦は西田幾多郎の定年退職、由良と同い年でありながら、新進気鋭の哲学者としてデビューしていた三木清への対抗心があったのではないかとしている（四方田前掲『先生とわたし』132～133頁）。

5．由良君美「三兎一路」嶋田前掲『由良哲次博士を偲ぶ』413頁。

6．市村耕一「由良哲次博士と私の思い出」『須高』30号、1990年、169頁。

7．由良君美前掲「三兎一路」419頁。

8．由良哲次「追憶の横光利一君」嶋田前掲『由良哲次博士を偲ぶ』19頁。

9．由良哲次『横光利一の芸術思想』（沙羅書店、1937年）。

10．横光利一「芭蕉と灰野」（1935年）『横光利一全集』第12巻（河出書房、1956年）108頁。

11．四方田前掲『先生とわたし』131頁。

12．『週刊サンケイ』（1975年10月第2週号）によれば、「哲学者由良哲次博士は、横光利一作「旅愁」の主人公（ヒーロー）である（中略）」と述べている。由良自身もまた、そのような噂を承知しており、「私はそれを否定も肯定もしません。」と述べ、その噂を否定していない（由良哲次「追憶の横光利一君」嶋田前掲『由良哲次博士を偲ぶ』）

13．横光利一「旅愁」（1937年～1946年）『横光利一著作集』八巻（河出書房新社、1982年）620頁、横光利一への筧の思想の影響については、森かをる「横光利一と神道思想―『旅愁』の古神道について」『日本文学』第46号、1997年、河田和子『戦時下の文学と〈日本的なもの〉―横光利一と保田與重郎』（花書院、2009年）の研究がある。

14．横光前掲「芭蕉と灰野」240～242頁。

15．同右、243頁。

16．由良哲次『国家と教育体制』（小学館、1941年）97頁。

17．同右、62頁。

18．拙著『躍動する「国体」―筧克彦の思想と活動』（ミネルヴァ書房、2020年）参照。

『斑鳩物語』という風景――心情の写生

中島　敬介

『斑鳩物語』掲載誌・表紙
（どちらも「ホトトギス」HPより）

目次

INTRODUCTION

今回のテーマは高浜虚子の『斑鳩物語』です。一九〇五年（明治三十八年）の京都・奈良旅行をベースにした短編小説で、翌々年の一九〇七年（明治四十年）に雑誌『ホトトギス』に掲載され、同年発行の短編集『鶏頭』に収録されました。四十年近くたった一九四五年（昭和二十年）には、養徳社（奈良県天理市）からも再刊されています。

『斑鳩物語』は虚子の「写生小説」の代表作の一つとされ、一般に、虚子が当時の斑鳩地方の風景や景色を、見たとおり・感じたとおりに描写した小説と紹介されます。つまり、『斑鳩物語』には、虚子が見た明治の一時期の「斑鳩の風景」が写生されている、と認識されていることになります。本稿の趣旨は、そのような一般的認識に対する異議申し立てです。私は『斑鳩物語』は斑鳩の風景を描いた写生ではなく、虚子の師・正岡子規とその代表作「柿くへば」の俳句に対抗する写生、喩えて言えば――わかりにくいかもしれませんが――家出した子どもが、親が亡くなった後に抱くような複雑な「心情」の入り交じった記憶を写した小説と捉えています。

ABSTRACT

『斑鳩物語』は、斑鳩を――あえて――舞台に採用しながら、地域を代表する法隆寺は後景に、そして正岡子規（一九〇二・没）が句の題材とした秋の「柿」（果実）は、

高浜虚子
（wiki、パブリックドメイン）

春の「梨」（花）に置き換えられ、「鐘」の音は多様な「生活」の音で相対化されています。一八九五年（明治二十八）、子規が奈良の宿でちょっと惹かれた女性の記述を残すと、一九〇五年（明治三十八）の虚子は、斑鳩の宿の女性（「お道さん」）を創作し、言動や心のありようまで克明に描写しました。俳句の形式では描き切れなかった地域に生きる人の姿や風景の多様さを、小説という表現のかたちによって、丹念に「写生」し直そうとしたかのように映ります。

私の見立てでは、『斑鳩物語』のねらいは、子規が十七文字の「俳句」で写した奈良の情景を、一万字ほどの「小説」で覆い尽すこと、言い換えれば「俳句」を「小説」で上書きすることです。その意趣の背景には、子規の「俳句」の後継者となることを拒絶した虚子が「小説」に向かう意味や正当性を子規に訴えようとした――自分自身に言い聞かせようとした――当時の虚子の心情がありました。

明治四十年ごろの虚子は、子規の没後に自ら選択した境涯――俳句から小説に転じたこと――への迷いを断ち切れないでいました。そのような時期に書かれた『斑鳩物語』が、のどかな地方の春景色を写生した作品とは、とうてい思えません。しかも『斑鳩物語』のベースとなった京都・奈良旅行の時季は――小説で設定された「春」ではなく――「晩秋」です。たしかに虚子自身『斑鳩物語』の文中で「大和一円が一目に見渡されるやうない、眺望」と書いていていますから、斑鳩の風景に惹かれたことは事実でしょう。ただ、その言葉は「想像以上に」という言葉と、法隆寺や法隆寺の宿は「なつかしい」という、ある意味では矛盾する心の動きを表す言葉を伴っています。季節（実際には秋）と場所（法隆寺のある斑鳩）を考え併せれば、

「想像以上に／なつかしい」のが「子規／柿くへばの句」以外にあるとは考えられません。

　この小説には、斑鳩の里に刻まれた「歴史の記憶」としての「風景」が描かれています。同時に、俳句の師であり親しい友人であり、家族のような存在でもあった子規への微妙で複雑な思慕の念が刻み込まれています。むしろ前者は「地」であり、後者こそが斑鳩の風景を背に立ち現れる「図」です。『斑鳩物語』とは、当時の虚子の心象を写生した小説だと言って間違いありません。

　とは言うものの、残念ながらなんら物的証拠も自供にあたる言葉も残っていませんので、仮説のレベルにとどまります。

　帰納法や演繹法では実証できないので、本稿では遡及的推論という方法を用い、残された事実を「手がかり」に、結果から原因に遡るかたちで、先の仮説を検証していきたいと思います。

　最初に正岡子規が残した関連の文章と『斑鳩物語』の記述とを比較対照し、とくに際だった対比を見せる「音」の記述を中心に分析して、『斑鳩物語』が子規の「柿くへば」の句を強く意識された小説であるという、仮説形成のプロセスをトレースします。その上で、虚子の『子規居士と余』（一九一五）の記述と奈良県桜井市の長谷寺に吟行したとき（一九四三）に詠まれた俳句と――なぜか――詠まれなかった句の題材といった事実をもとに、推論を進めていきます。

　他の論考とは違って本稿は――内容には自信を持っているものの――論証的ではありません。探偵が登場するミステリ（推理小説）を楽しむ感じで、気楽に読み進めてください。ただホームズや金田一は登場しません。推理は穴だらけ、謎解きの手際も悪いかもしれません。気になったところは、遠慮なく指摘してください。

以下は、推理に用いる諸データです。まず事件の目撃者の事情聴取記録にあたるもの、『斑鳩物語』は一般にどのように理解されているか、そのいくつかを確認しておきたいと思います。

DATA

1．高浜虚子の『斑鳩物語』とは

(1) ゆかりの場所：法隆寺

奈良にゆかりの文学「斑鳩物語」
概要
高浜虚子が、明治38年（1905）に訪れた法隆寺かいわいののどかな風情について書いた小説。
参考
ゆかりの場所：法隆寺
発表年：明治40年（1907）
著者：高浜虚子
https://www.library.pref.nara.jp/nara_2010/0931.html（2023．06．02閲覧）

(2) ディテールも法隆寺界隈のたたずまい

高浜虚子「斑鳩物語」(明40・5『ホトトギス』)は法隆寺界隈の情景を写生文によって描出した、水彩画のおもむきさえ感じさせる好短編である。彼は明治三八(一九〇五)年の晩秋に京都・奈良訪れた。その折にふれた法隆寺周辺の情緒がもとになっている。

作品は「余」の眼がとらえた事実・人事・自然を直叙するという形式で、余が対象の背後に主観的に思いをいたす、ということはない。

〔…〕お道の案内で中二階の一室に導かれた余は。窓から南に開けた大和の春の風景に接する。

〔…〕余の目を介して読者もこのなつかしいたたずまいに見とれるのである。

〔…〕今日では望むべくもないような長閑な、あたかも法隆寺建立以来の時間の中にゆったりとひたるかの如きものである。

〔…〕このような物憂げな悠久の俗塵を離れたかのような里の情緒にも日露戦争後の世相がしのび寄り、〔…〕夜はお道の筬と唄声のうちにふけて行く。

〔…〕「斑鳩物語」の場合、〔…〕そこに描かれているディテールも、法隆寺界隈のたたずまいを写生することによっておのずから得られたもので〔ある。〕(p.99)

浅田隆「近・現代文学に描かれた奈良の相貌」(1986)『奈良大学紀要』第15号、pp.92-93

※傍線引用者、特記しない限り以下同じ

(3) 写生文

著者の小説は一面、写生文だともいはれます。

養徳社出版局「あとがき」（１９４５）『斑鳩物語』養徳社、p.101

『斑鳩物語』は、紹介された時代や紹介者の立場の違いに関係なく、ほぼ共通して法隆寺周辺の「のどかな風情」や「たたずまい」の「写生文」、と考えられています。しかし、なぜ写生の対象が「春の斑鳩」なのでしょうか。旅行で京都や奈良の各地を巡った虚子が、小説の題材としてことさらに「斑鳩」を選択し、しかも季節は「春」に設定されています。さきの（2）にあったように、実際の旅は「晩秋」ですから、「春の斑鳩」は「写生」ではありません。虚子が「春の斑鳩」を題材とした動機は、何だったのでしょうか。他の季節・地域を押しのけるほど、「春の斑鳩」の「風景」に「写生」の魅力を感じたのでしょうか。ざっと調べただけですが、絵画の方では、船橋稔行さんの日本画「斑鳩の春」や、林功さんのリトグラフ「斑鳩春映」、後藤純夫さんのリトグラフ「春の斑鳩」など素晴らしい作品がありますが、最初に目を惹くのは寺院の建造物、その大半は――『斑鳩物語』では後景の――法隆寺です。

一方、文筆の世界で春の斑鳩の風景を褒め称えているのは、私の探し方が粗いせいか、保田與重郎の一文しか見つけられませんでした。『斑鳩物語』の虚子の記述と並べてみましょう。

2. 春の斑鳩は、主題となり得るか――法隆寺の秋でなくても

(1) 保田與重郎のロマンティシズム

斑鳩あたり、古都も寺も塔もうねうねと一線にならび、頭をめぐらすと、二上

にしづむ夕日は無気味な位に大きく赤い、春の大和こそ、大和の景観である。

保田與重郎「奈良てびき」『保田與重郎文庫17』（2018）新学社、p.289

東京を出て以来京都、奈良とへめぐつて是程心の落ちつくのを覚えた事が今迄無かつた。

（2）高浜虚子のリアリズム（？）

大和一円が一目に見渡されるやうないゝ眺望だ。〔…〕

高浜清「斑鳩物語」『鶏頭』（1908）春陽堂、p.39、41

浪漫派の保田に対する虚子のリアリズム、とは言い難いくらい淡泊な印象です。保田の叙述が先に触れた絵画と同様、寺院の建物を中心とする立体的な景観を描いているのとは対照的に、「大和一円が一目に見渡されるやうな、いゝ眺望」と、なんとも具体性を欠いた「写生」にとどまっています。

今日一般に「斑鳩の春」というと、法隆寺で行われる聖徳太子の法要や法隆寺夢殿の枝垂れサクラなど、法隆寺がらみのものが多く挙げられます。観光ガイドでは法輪寺周辺の菜の花が案内されていたりしますが、これも単独ではなく法輪寺の三重の塔とのセットになっています。後で触れますが、虚子も『斑鳩物語』で菜の花の美しさを強調しているものの、「写生」しているのは梨の白い花との色のコントラストだけで、斑鳩を象徴する法隆寺などの寺院は描かれていません。『斑鳩物語』の「写生」は「のっぺり」感が免れません。

ここでもう一度、養徳社版の「あとがき」に戻ります。更に詳しく見てみましょう。

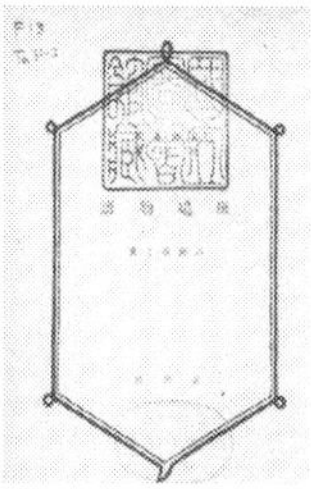

『斑鳩物語』（養徳社刊）

（3）山はありません。それが特色になつて居ります。

（著者の小説は一面、写生文だともいはれます。）写生文といふのは正岡子規が唱へた文章上の主義で、子規は又、文章には山が無ければいけないといふ事を主張しました。著者の写生文は子規居士の主張から出てゐるといはれませうが、山はありません。それが特色になつて居ります。小説といはれるものには昔から山があるのが寧ろあたりまへで、普通のこととされてゐたのに、山をつくらなくとも小説はかけるものだといふことが「斑鳩物語」〔…〕ではつきりと知らされた。――そこに著者の小説が演じた大きな歴史的役割があつたのであります。

養徳社出版局「あとがき」（1945）『斑鳩物語』養徳社、pp.101-102

「あとがき」のポイントは、虚子の写生文は独創であって子規の踏襲や模倣ではないというところですが、独創性を強調し過ぎたせいか、『斑鳩物語』は――あえて――「山」をつくらない小説と説明されています。「山」とは人物や事件のつながり・関係性によって――不可避に――生じるストーリー上の「綾」を指し、作り手の側から言えば物語の構成や筋立て（プロット）にあたります。一般論で言うと、プロットの欠落した小説は「あとがき」のように称揚されることは、まずありません。最も好意的に見て、駄作ないしは失敗作。そもそも「小説＝プロットを持つストーリー」でしょうから、「山」のない小説」は一種の形容矛盾です。この「あとがき」の他に無いから画期的だとの強弁は、本書の発行時期に関わっていると思われます。養徳社版『斑鳩物語』の発行は一九四五年（昭和二十年）。虚子は六十七歳。すでに芸術院会員となり（一九三七）、日本俳句作家協会の会長も務めていました（一九四〇）。「歴史的役割」という踏切線を超えた跳躍は、当時功成り名を遂げた虚子の業績から遡った評価ではなかったかと思われます。

『斑鳩物語』は、書かれた明治四十年当時も、同様に高い評価を得ていたのでしょうか。

夏目漱石
（近代日本人の肖像）

3．「斑鳩物語」に対する同時代の評価

(1) お仲間は奥歯に物が挟まって──夏目漱石

所謂二種の小説とは、余裕のある小説と、余裕のない小説である。〔…〕余裕のある小説と云ふのは、〔…〕「非常」と云ふ字を避けた小説である。不断着の小説である。〔…〕

斯様に小説を二つに分けて見た所で虚子の小説は〔…〕余裕のある方面に属すると思ふ。

斑鳩物語も其の通※である。所は奈良で、物錆びた春の宿に梭の音が聞えると云ふ光景が現前に浮んで飽く迄これに耽り得る丈の趣味を持つて居ないと面白くない。

（※引用者注：虚子の小説は主人公の運命を追うのではなく、虚子とともに「光景」を味わう必要がある、の意）

かう云ふ立場からして読んで見ると虚子の小説は面白い所がある。我々の気の付かない所や言ひ得ない様な所に低徊趣味※を発揮して居る。

（※引用者注：世俗の雑事からのがれ、余裕ある態度・気分で人生を傍観者的立場からながめ味わい、東洋的な詩的境地にひたろうとする態度、の意）

余は虚子の小説を評して余裕があると云つた。〔…〕所謂俳味なるものが流露して小説の上にあらはれたのが一見禅味からきた余裕と一致して、こんな余裕を生じたのかも知れない。虚子の小説を評するに方つては是丈の事を述べる必要があると思ふ。


夏目漱石「序」高浜虚子（1908）前掲書、pp. 3-5、13、18-19、27

「斑鳩物語」を収録した短編集『鶏頭』に、正岡子規の友人で虚子とも親しかった文豪・夏目漱石が寄せた序文です。まず虚子の写生小説全般については「余裕のある小説」ときれいな表現していますが、内実は養徳社の「あとがき」同様、「山」がない、と。ただし褒めているわけではなく、「低徊趣味」という聞き慣れない言葉を使って、普通の人にはどうでも良いことに関心をもっている小説だと続けています。『斑鳩物語』については、奈良のものさびた春の宿で、機を織る時の「おさ」の音が聞こえる光景を思い浮かべ、これに浸ることができない人は面白いとは思わないだろう、と。持って回った言い方ですが、そんな気分に浸れるのは虚子ぐらいでしょうから、要するに『斑鳩物語』は面白くないと言っていることになります。

漱石は、こういう虚子の小説の特徴――「余裕や趣味」――はいったいどこから生じているのかと自問し、たぶん俳句と禅の世界に由来しているのだろうと煙に巻いて、最後に虚子の小説を評するには、これぐらい言わないといけないと困ったよう

岩野泡鳴
（近代日本人の肖像）

な言葉で締め括っています。虚子の本だからきついことは言えない的な、実質ゼロ評価といった感じの序文です。漱石は虚子の写生小説、そして『斑鳩物語』を評価していたとは思えません。

お仲間の漱石がこの調子ですから、まったく作風や価値観の違う立場からの評価は期待すべくもありません。

(2) 自然主義者は歯に衣着せず――岩野泡鳴

写生文派は、頭脳がないのに、筆先または技巧を以て何物かをまとめようとする悪傾向の発現で〔ある。〕新自然主義派は〔…〕『技巧と理想との円満極美』よりも実質的な、有価値な状態を霊肉不二の自我その物に発揮するのである。〔…〕漱石氏も恐らく、かういふ文芸の出現を正当に承認または期待する頭脳はなからうと思ふ。如何？

岩野泡鳴「文界私議（五）」『新自然主義』（1911）、pp.262-264

教訓小説、料理小説、広告小説などの読まれる社会だから、娯楽を目的とする小説も存在出来ないことはない。虚子氏の作もそれであらう。〔…〕『斑鳩物語』のお道や梭の音などは、読了後も確かにその印象は残るが、それがたゞ僕等に関係のない別世界のことであるかの様な印象が残るばかりで、新時代の唯一文藝に必要な深刻もない、沈痛もない、熱烈もない。これ、劣等文学たる所以である。〔…〕故子規子の行き方と同様、くすんだ人物に派手な女、寂しい場所に意外な事件、坊主用語に町言葉、緑の色に赤い色など、お定まりの対照物を持ってくる技巧と、どうでも左右のできる写生と、たまに作者の気を利かした暗示とが、僅かに作の生命を持続しているばかりだ。

岩野泡鳴（1911）前掲書、pp. 259-260

自然主義文学者の岩野泡鳴は、写生文を一絡げに全否定し、虚子の『斑鳩物語』については、不思議なことに敵対者のように名を挙げた漱石と全く同じような表現で、ただし歯に衣着せず、侮蔑的に痛罵しています。最後あたりで「どうでも左右のできる写生」が「僅かに作の生命を持続しているばかりだ」と皮肉を利かせながらも、微妙に逃げ道を作ってくれていますが、注目しておきたいのは、これは「故子規子の行き方と同様」だと言っているところです。

つまり、泡鳴によれば、虚子の写生文（小説）は「文章構成」は子規の基本方針に従いつつ、一方養徳社版のあとがきによれば「表現方法」は子規の考え方を踏襲しなかった。両者の評を重ねると、子規の作った枠組みやスタイルに、虚子は違った手法やコンテンツを入れたことになります。これを見ても、子規とは違ったものを作ろうとする、虚子の微妙な反発が読み取れます。

虚子の写生小説には、子規の俳句への慕情（型の継承）と反発（方法・コンテンツの独創）の両方が混入しているように思えます。その観点から『斑鳩物語』という虚子の小説を子規の俳句から逆照射して、その特徴を摘出してみましょう。

まず、子規と有名な「柿くへば」の句です。

正岡子規
（近代日本人の肖像）

4．俳句と小説――子規と虚子

（1）俳句の中の法隆寺――1895年（明治28）

①正岡子規

まさおか――しき（1867‐1902）

明治時代の俳人、歌人。慶応3年9月17日生まれ。明治25年日本新聞社入社。紙上で俳句の革新運動を展開。28年以降は病床にあり、30年創刊の「ホトトギス」、31年におこした根岸短歌会に力をそそぎ、短歌の革新と写生俳句・写生文を提唱した。明治35年9月19日死去。36歳。伊予（愛媛県）出身。帝国大学中退。本名は常規《つねのり》。別号に獺祭書屋《だっさいしょおく》主人。竹の里人。著作に句集「寒山落木」、歌集「竹乃里歌」、ほかに「獺祭書屋俳話」「歌よみに与ふる書」「病牀六尺」など。

◆柿くへば鐘がなるなり法隆寺

上田正昭他監修『講談社日本人名大辞典』（2001）講談社、p.1735

②秋／柿《かき》／宿の女性

○　御所柿を食いし事

明治二十八年神戸の病院を出て須磨や故郷とぶらついた末に、東京へ帰ろうとして大坂まで来たのは十月の末であったと思う。その時は腰の病のおこり始めた時で少し歩くのに困難を感じたが、奈良へ遊ぼうと思うて、病を推して出掛けて行た。三日ほど奈良に滞留の間は幸に病気も強くならんので余は面白く見る事が出来た。この時は柿が盛になっておる時で、奈良にも奈良近辺の村にも柿の林が見えて何ともいえない趣であった。柿などというものは従来詩人にも歌よみにも見離されておるもので、殊に奈良に柿を配合するというような事は思いもよらなかった事である。余はこの新たらしい配合を見つけ出して非常に嬉しかった。〔…〕

夕飯も過ぎて後、宿屋の下女にまだ御所柿は食えまいかというと、もうありますという。〔…〕やがて下女は直径一尺五寸もありそうな錦手の大丼鉢に山の如く柿を盛て来た。〔…〕下女は余のために庖丁を取て柿をむいでくれる様子である。〔…〕

暫しの間は柿をむいている女のややうつむいている顔にほれぼれと見とれていた。この女は年は十六、七位で、色は雪の如く白くて、目鼻立まで申分のないように出来ておる。生れは何処かと聞くと、月か瀬の者だというので余は梅の精霊でもあるまいかと思うた。〔…〕柿も旨い、場所もいい。余はうっとりとしているとボーンという釣鐘の音が一つ聞こえた。彼女は、オヤ初夜が鳴るというてなお柿をむきつづけている。余にはこの初夜というのが非常に珍らしく面白かったのである。あれはどこの鐘かと聞くと、東大寺の大釣鐘が初夜を打つのであるという。東大寺がこの頭の上にあるかと尋ねると、すぐ其処ですという。

正岡子規「くだもの」『正岡子規』（1992）筑摩書房、pp. 113-114

※初出：『ホトトギス』（1901）

〈参考〉

柿に思ふ奈良の旅籠の下女の顔

正岡子規『子規全集第参巻』(1925)アルス、p.376

※初出:正岡子規『俳句稿』(1897)

奈良の宿御所柿くへば鹿が鳴く

正岡子規『寒山落木 五 明治廿九年』(1896)

③唯一・絶対の「法隆寺」の音

柿食へば鐘が鳴るなり法隆寺

正岡子規『寒山落木 四 明治廿八年』(1895)

〈参考〉

「くだもの」には、明治二十八年に奈良を訪れた回想がある。〔…〕子規は奈良と柿という「新たらしい配合を見つけ出して非常に嬉しかった」と言う。

柿落ちて犬吠ゆる奈良の横町かな

〔…〕

柿くへば鐘がなるなり法隆寺

〔…〕

こういう句を子規は作った。「柿くへば」は「法隆寺の茶店に憩ひて」と前書きをつけて松山の新聞『海南新聞』(明治二十八年十一月八日)に載せたが、話題になることはほとんどなかった。

坪内稔典『正岡子規』(2010)岩波書店 pp.121-122

対山楼・宿屋貞七（引札より）

百十（つづき）

柿食へば鐘が鳴るなり法隆寺

〔河東碧梧桐は〕この句を評して「柿食ふて居れば鐘鳴る法隆寺」とはなぜいわれ無なかったであろうと書いてある。これはもっともの説である。しかしかうなるとやや句法が弱くなるかと思う。

正岡子規「病牀六尺」（１９９２）前掲書、pp.314-315
※初出：「日本」日本新聞社（１９０２）

子規のプロフィールは説明を省略しますが、『人名大辞典』にも「柿くへば」の句が置かれているように、子規といえば法隆寺の「柿くへば」です。ただ、生前の評価は高いとは言えず、弟子の河東碧梧桐も散々に貶しています。子規の健康状態や当日の天候から実際に法隆寺で詠まれた句かどうかを怪しむ向きもあります。一方、奈良で柿を食べたことじたいは確実で、子規は生涯最後の旅となった一八九五年（明治二十八）、奈良の宿で女性に柿を剥いてもらって食べたことを、嬉しそうに記述しています。子規が宿泊した宿は、東大寺の転害門の近くにあった「對山樓《たいざんろう》」。江戸期は「角屋貞七（かどや・さだしち／かどさだ）という商号の宿屋でした。山岡鉄舟の命名以後は「対山楼」と呼称され、明治期には伊藤博文やフェノロサ、岡倉天心などにも利用されました。現在はレストランになっていて、子規の宿泊に因んで「子規の庭」が設けられています。「東大寺を眺望する」が作庭のコンセプトで、このことは後に触れる「鐘の音」の記述と関わっています。

子規の「御所柿を食いしこと」には「奈良」の地名がいくつか出てきますが、その範囲に斑鳩や法隆寺が含まれていたかどうかは不明です。「奈良」と「柿」を結びつけて詠んだ句はたくさんあって、例示した「柿に思ふ奈良の旅籠の下女の顔」は比較的よく知られています。もう一方の「奈良の宿御所柿くへば鹿が鳴く」は、奈良旅行の翌年（明治29年）の句集に載っているせいか見落とされがちですが、こちらの構成や趣向の方が有名な「柿くへば」に似ています。

なお「御所」は奈良の地名では「ごせ」ですが、御所を発祥の地とする「御所柿」は「ごしょ・がき」と読みます。興味深いのですが、ここでは深入りせず、柿と女性の記述に戻ります。

子規は宿の女性にちょっと惹かれていながら、かなり抑え気味に記述しています。女性に剥いてもらった柿を食べていると、宿に近い東大寺の鐘が鳴って、女性から「初夜の鐘」ですと教えられて――胸をときめかせるくらいに――興趣を覚えています。

さて「柿を食べていたとき／子規が聞いたのは／東大寺の／初夜に撞かれる／鐘の音」だった。後でここに戻ってきますので、心に留めておいてください。

奈良で「柿と俳句」のコンビネーションを新発見した子規は、その年（明治二十八年）に「柿食へば」の句を発表しました。先にも触れましたが、生前の評価は芳しいものではなく、子規自身も写生的というよりは技巧の勝った句と自覚していたのか、碧梧桐の不満に対して「句法が弱くなる」と抗弁しています。

ただ、当初の評価がどうあれ、子規の死後「柿くへば」は子規の代表作となって、鐘の音は法隆寺を象徴する音、極論すれば唯一絶対の音として、奈良のイメージを凍結するのに、今なお一役買ってくれています。

碧梧桐も、明治四十二年の『子規の遺稿集 俳句篇』では、「秋の植物」のジャンルのトップにこの句を置くようになり、虚子も同句集の共同編者ですから、それ以前はともかく、少なくとも明治四十年前後――『斑鳩物語』の時期――には、子規を思い出す縁因《よすが》とする句の一つになっていたと思われます。

このような子規と「柿くへば」の句を鏡面にしたとき、虚子と『斑鳩物語』は、どのように映し出されるでしょうか。

(2) 小説の中の斑鳩――1905年(明治38)

①高浜虚子
たかはま――きょし(1874-1959)
明治―昭和時代の俳人、小説家。明治7年2月22日生まれ。中学時代から正岡子規に師事。明治31年「ホトトギス」をひきつぐ。一時小説や写生文をかいたが大正2年俳句に復帰。客観写生、花鳥諷詠をといて俳句の伝統擁護につとめた。昭和29年文化勲章受章。芸術会員。昭和34年4月8日死去。85歳。愛媛県出身。旧姓は池内。本名は清。句集に「虚子句集」「五百句」、小説に「俳諧師」「柿二つ」など。
◆去年(こぞ)今年貫く棒の如きもの(「六百五十句」)
上田正昭他監修(2001)前掲書、pp.1115-1116

②春/梨《なし》/宿の女性

法隆寺の夢殿の南門の前に宿屋が一二軒ほど固まつてある。其の中の一軒の大黒屋といふうちに車屋は梶棒を下ろした。急がしげ奥から走つて出たのは十七八の娘〔※引用者注：「お道さん」〕である。色の白い、田舎娘にしては才はじけた顔立ちだ。手ばしこく車夫から余の荷物を受取って先に立つ。廊下を行つては三段程の段階子を登り又廊下を行っては三段程の段階子を登り一番奥まった中二階に余を導く。小作りな体に重さうに荷物をさげた後ろ姿が余の心を牽く。

此の座敷のすぐ下から菜の花が咲き続いて居る。さうして菜の花許りでは無く其に点接して梨子の棚がある。其梨子も今は花盛りだ。黄色い菜の花が織物の地で、白い梨子の花は高く浮織りになつてゐるやうだ。殊に梨子の花は密生してゐない。其荒い隙間から菜の花の透いて見えるのが際立つて美くしい。其に処々麦畑も点在して居る。偶々燈心草を作つた水田もある。梨子の花は其等に頓着なく浮織りになつて遠く彼方に続いて居る。半里も離れた所にレールの少し高い土手が見える。其土手の向うもこゝと同じ織り物が織られてゐる様だ。

高浜虚子（１９０７）前掲書、pp. 39-40

虚子のプロフィールも説明を省略します。同じ『人名大辞典』で、先に見た子規の「柿くへば」に匹敵する虚子の代表作品とされているのは、俳句です。小説は「俳諧師」と「柿二つ」が文中に挙げられているだけで、『斑鳩物語』は載せられていません。

『斑鳩物語』を子規の「柿くへば」に対比させると、季節は秋に対して「春」。柿に対比して「梨《なし》」がフィーチャーされています。そして同じように「宿の女性」を登場させていますが、子規の抑制を効かせた記述とは対照的にほとんどヒロイン扱いで、『斑鳩物語』より「お道さん物語」とタイトルを変えた方が良いのではと思えるほどです。

しかも写生小説を標榜しながら、実はこの「お道さん」は架空の人物です。モデルとなった女性はいたようですが、セリフや言動、キャラクター設定を含め、すべて虚子の創作です。一方、子規の方の柿を剥いてくれた女性は実在していて、その宿のお嬢さんだったとの説もあるようです。

このような物語の建て付けからも、虚子の『斑鳩物語』という小説が、子規の「柿」関連の記述や「柿くへば」の句、言い変えれば子規の奈良旅行の体験を、そうとう強く――しかも、かなり込み入ったかたちで――意識されていることは明らかです。

それが何よりも、端的に現れているのが「音」についての記述です。

③多様な「斑鳩」の音（※以下、登場順）

a. 墨摺る音　［ゴシゴシ］
b. 夢殿の鐘　［※オノマトペなし］
c. 法起寺の塔の扉の音　［ゴトン］［がた〳〵］
d. 地鳴りのような音　［ゴー］
e. 筬《おさ》の音〈1〉　［カタン〳〵／ボツトン〳〵］
f. 蛙の声　［ぐわア〳〵］
g. 筬の音〈2〉　［カタン〳〵／ボツトン〳〵］

h．筬の音〈3〉　［カタン〳〵／チヨツ］
i．唄の声〈1〉　［♪『苦労しとげた～』］
j．筬の音〈4〉　［一層高まって］
k．唄の声〈2〉　［うき〳〵／♪『鴉啼迄寝た～』／『大分世帯に～』］
l．筬の音〈5〉　［眠るのが惜しいやうな／冴え〳〵］
m．十二時の時計　［※オノマトペなし］

以上、引用すべて高浜虚子（1907）前掲書

子規の句では、法隆寺の「鐘の音」が唯一、斑鳩の音ですが、虚子の小説『斑鳩物語』における斑鳩の音は実に多様です。音が登場する場面は──読み落としがあるかもしれませんが──13シーンあって、最も多いのは機織《はた》のときの「筬《おさ》」の音で五場面。すべて「お道さん」が大和木綿を織るときの音です。二度登場する「唄の声」も「お道さん」の声。一見、関係なさそうな「法起寺の塔の扉の音」と「地鳴りのような音」も、小説の語り手が登った塔の上から「お道さん」と同行する僧侶の姿を見つける伏線として登場します。つまり『斑鳩物語』の音は、いずれも「お道さん」と関わって描かれています。子規の「鐘の音」のように、不意に耳にする、独立的な音ではないのです。

もう一つ印象的なのは、時刻に関わる──鐘や時計の──音が、擬音語・擬態語や形容詞を伴わず、そっけなく扱われていることです。

少し詳しく、二つめの「夢殿の鐘」の音を探ってみましょう。

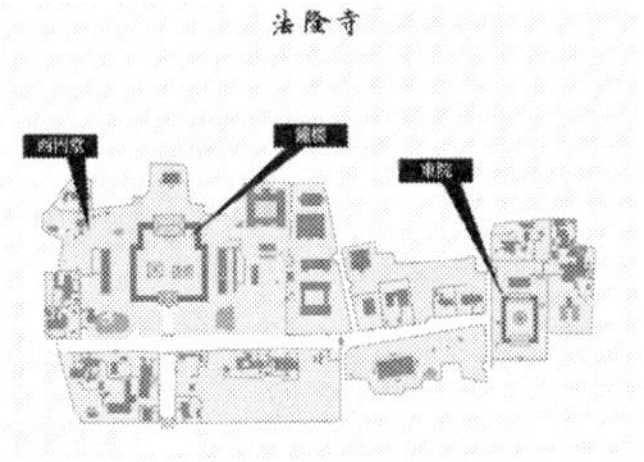

法隆寺の鐘<1>
（法隆寺のHPをベースに中島作成）

④六時を告げる夢殿の鐘

お道さんが行つたあとは俄かに寂しくなつた。きのふ奈良でしらべた報告書の残りを認める。時々下の間で多数の客の笑ふ声に交つてお道サンの声も聞こえるが、座敷が別棟になつてゐるのではつきりわからぬ。夢殿の鐘が鳴る。時計をみるともう六時だ。（pp. 48-49）

小説の語り手は、部屋を出たお道さんと別の客との笑い声を「夢殿の鐘」が鳴る音と重ねて聞き、時刻を確かめると「六時」だった、という場面です。ポイントは「夢殿の鐘」と「六時」。

法隆寺には有名な鐘が三つあって、西院伽藍の鐘楼の鐘と西円堂の鐘、そして東院の鐘楼の鐘です。西院伽藍の鐘楼の鐘は五月半ばから八月半ばまでの三か月間、朝一回だけ撞かれます。そして東院の鐘楼の鐘。東院には夢殿があるので、これが虚子の言う「夢殿の鐘」でしょう。たしかに語り手（虚子）が居た大黒屋は東院に近接し——本当に鳴っていれば——音がよく聞こえる位置にありました。

虚子にとっては残念なことに、夢殿の鐘は、普段撞かれることがありません。この鐘が鳴るのは東院で法要のある特別なときだけで、私が調べた範囲では、年に数度の法要のどれも、六時という時刻には営まれません。記述内容から判断して、虚子は法要の鐘というよりは、六時を告げる鐘と認識していたようですが、時を告げる鐘は西円堂の鐘です。したがって、語り手（虚子）が聞いたとすれば、この西円堂の鐘の音ということになります。しかし、大黒屋の位置関係からすると西から聞

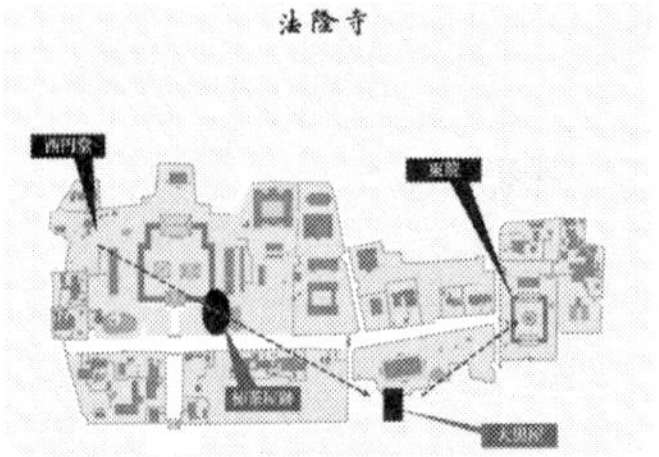

法隆寺の鐘
（法隆寺のHPをベースに中島作成）

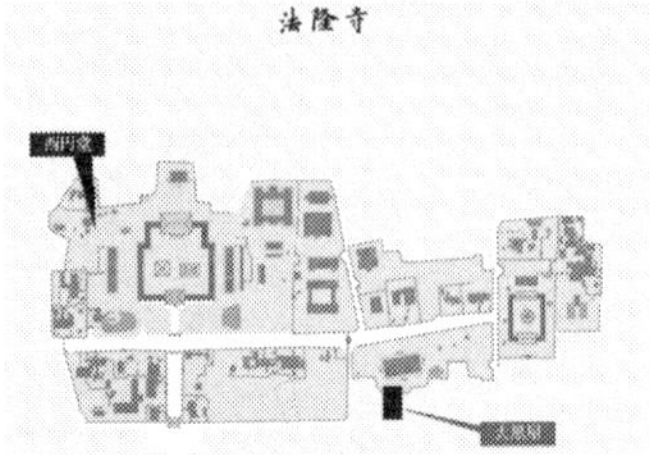

法隆寺の鐘<2>
（法隆寺のHPをベースに中島作成）

こえてくるわけで、東の夢殿の鐘と聞き間違えるのは不自然です。なぜ西円堂の鐘を虚子は「夢殿の鐘」としたのか。ここにも子規との関わりが働いていると思われます。

法隆寺の鏡池の西に子規の句碑が建っていて、子規の「柿くへば」の句の「茶店に憩ひて」の茶店のあったのが、この句碑の場所とされています。ただ場所がどこであれ、子規が鐘の音を聞いたとすれば、先に考察したとおり、西円堂の鐘の音以外にありません。

以上をあらためて整理すると、法隆寺の三つの鐘のうち、西院伽藍の鐘楼の鐘は特定の期間に、朝一回しか撞かれない。そして夢殿の鐘は普段撞かれることがなく、六時に撞かれることもない。虚子が聞いたのは、子規が十年前に茶店で聞いた鐘と同じ、西円堂の鐘の音です。東院近くの大黒屋にいた虚子が、西から聞こえてきた鐘の音を、ふつうに「法隆寺の鐘」ともせず、子規が聞いた場所に背を向けるようにして、ことさら東の「夢殿の鐘」としたのは、写生を重視する虚子からすれば、意図的としか思えません。

どういう意図かを類推すると、私は子規が「柿食へば」の句に詠んだ――子規が聞いた――法隆寺の鐘の絶対性に揺らぎを与えようとしたのだと思っています。まず法隆寺の鐘を三つの鐘の内の一つに相対化し、その上で子規が耳にしたはずの西円堂の時の鐘を、普段撞かれることのない、したがって子規が聞けたはずのない、東院の鐘楼の鐘（夢殿の鐘）に置き換えたのです。

次に「時計をみるともう六時」という記述。この「六時」という時刻にも、虚子の意趣が潜んでいないか。簡単に言えば、虚子が「六時」の鐘を聞いたのは、子規の「鐘の音」を消すためのギミックではないか。この推理が成立する前提は、十年前の子規が「六時」に「鐘の音」を聞いていて、虚子がその「事実」を承知していなければならない、ということです。さらにそれ以前の問題として、法隆寺の近辺で六時に鐘の音が聞こえなければなりません。

知り合いに確認してもらったところ、西円堂の時を告げる鐘は、午前八・十・十二時、午後二・四時だけで、午後の六時には撞かれていないとのことです。ただし、六時に撞かれていないのは人手の問題もあってのことだそうで、子規と虚子が訪れた、明治二十、三十年代も同様であったかどうかは——記録も残っていないだろうということで——判明していません。

ここでいったん「六時の鐘」の推理は頓挫するのですが、子規が聞いた「鐘の音」は法隆寺だけではなかったことを思い起こしてください。宿の女性に柿を剥いてもらっているとき、東大寺の「初夜の鐘」が聞こえていました。子規によれば、宿の女性が剥いてくれた柿を食べているときに東大寺の鐘が鳴り、その女性から「初夜の鐘」と教えられた。お寺の方では一般に夜間を初夜・中夜・後夜に三等分されます。季節によって夜の長さが違うので、厳密に言うと始まりと終わりの時間が変動するのですが、だいたい「初夜」は午後6時から9時ころまで。

つまり、一般にお寺の初夜の鐘は、六時に撞かれるのです。先に引用した子規の文章も、その部分だけを読むと——あるいは、子規から「初夜の鐘」とだけ聞かされた者であれば——子規が東大寺近くの宿屋で聞いた鐘は、夕方の「六時」の鐘と

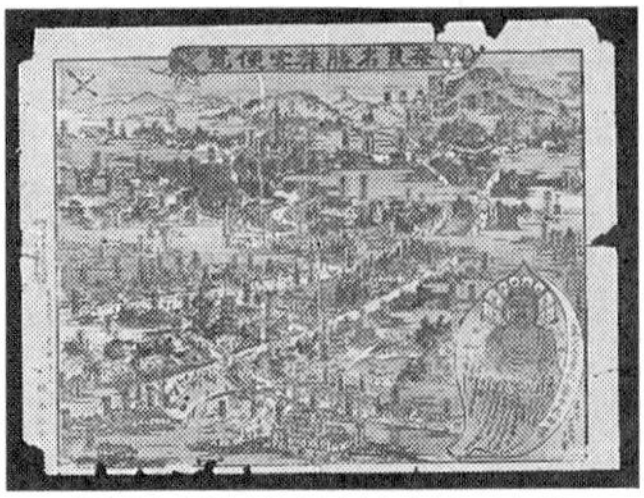

「奈良名勝旅客便覧」（奈良県HPより）

右図の部分的拡大

思ってしまう。

さて、虚子が読むか聞くかして、子規が「初夜の鐘」を耳にしたことを知っていたとすれば、微妙な子規への対抗心から、「初夜の鐘」を子規が柿の皮を剥いてくれた宿の女性と一緒に聞いたのなら、こちらは、架空の「お道さん」の声に重ねて聞いてやろう、と。子規の宿の女性を「お道さん」で、東大寺の「初夜の鐘」を法隆寺の「六時の鐘」で上書きして消してやろう、と。

『斑鳩物語』の「六時」の鐘は「柿くへば」の鐘ではなく、「御所柿を食ひしこと」の「初夜」の鐘に対応していたのです。この「初夜」の鐘を消すために、斑鳩では聞きもしなかった「六時」の鐘をあえて――これもフィクションである――「お道さん」の声に重ねて写生した。子規にとっての二つ事実を、虚子は二つの虚構で上書きしようと目論んだのです。

ところが、悪いことはできないもので、虚子の企みはものの見事に空振りしました。

あらためて子規の記述を丹念に読んでみると、柿を食べたのは「夕飯も過ぎて後」となっていて、文意からすると夕食からかなり時間が経っていそうです。子規だけ特別に早めの夕食だったかもしれませんが、本来の食事どきに宿の女性が柿の皮を剥いてくれたというのも、不自然な感じがします。そこで、知り合いの関係者に確認すると、なんと、東大寺の初夜の鐘は「八時」に撞かれるのです。「六時」ではなく。お水取りの行のはじまり時刻とも関わっているのだそうです。

奈良の一三〇〇年の歴史と伝統が、鐘の音を上書きしようとした虚子の悪巧みを不発に終わらせた……と、一度は欣喜雀躍したものの、落ち着いて考えてみれば、「六時」の鐘は私の勝手な想像で、虚子の企みとしたのは、深読みが過ぎた結果なのかもしれません。実を言うと、本稿の推理では、ここが一つの盛り上がりを見せるはずのところだったのですが、不発に終わったのは虚子ではなく、こちらの方かもしれません。「六時」についての整理は、けっこう時間もかけたのですが、今となっては、それほど力を入れるほどのこともなかったような気もします。

措けず、説明を続けます。

『斑鳩物語』の記述で気になるところを、あといくつか挙げておきたいと思います。

(3) 気になる記述

①初めてなのに「なつかしい」――写真は沢山持つている。

法隆寺はなつかしい御寺である。法隆寺の宿はなつかしい宿である。併し其宿の眺望がこんなに善からうとは想像しなかつた。これは意外の獲物である。

高浜虚子(1908)前掲書、pp.39-40

「なつかしい」という形容詞で法隆寺や斑鳩が語られています。『斑鳩物語』で語り手(虚子)は、初めて斑鳩を訪れたように設定されていますが、「法隆寺はなつかしいお寺」で「法隆寺の宿はなつかしい宿」との記述が見られます。初めて訪れたのに、なつかしい。このなつかしさは日本人の心の故郷的な意味とも違って、最後のところの「眺望は想像以上だ」は、かつて誰かから聞いて想像していた眺望よりもすばらしいという言い方です。その誰かが語ったお寺や宿を「なつかしい」と形容していることになります。斑鳩のお寺や宿屋と関わる人がなつかしい、あるいはその人が寺や宿の話をしてくれた、そのことがなつかしい、と解釈すべきだろうと思います。

もう一つ、推理の上で参考となるのは「興福寺の写真」。『斑鳩物語』の2年後に出された短編集に収録されたもので、これも写生文で書かれた小説です。

〈参考〉

此間長女が斯ういふ事を聞いた。

「お父さんは興福寺の写真は持つていらつしやらないの。」

「興福寺の写真も一二枚は持つて居る。法隆寺のなら沢山持つているが。」〔…〕

「〔…〕法隆寺は斑鳩寺ともいふし、〔…〕斑鳩といふのはあの辺の地名なのさ。」

と長女が別に聞きもせぬ事まで言つて余はなつかしい此の古寺の記憶――曽遊の記憶を胸に喚び起こした。

まだほんの子供と思つて居た長女と共に興福寺とか法隆寺とかに就いての談話――例へ極めて単純な談話でも――を交換せうといふことは予期しなかったので、幽かな驚きと、淋しいやうななつかしいやうな一種の興味を呼び起こして覚えず熱心に話すのであつた。

高浜虚子「興福寺の写真」『凡人』（1909）春陽堂、pp. 227、229-230

小説の語り手（虚子）は、聞かれてもいない法隆寺の名前を出し、ここでも「なつかしい」と形容し、さらに長女との興福寺や法隆寺のとりとめもない話に「淋しいやうななつかしいやうな一種の興味を呼び起こ」されています。

その淋しくてなつかしい話し相手が、幼い頃の長女でないことは文脈上明らかです。とりとめのない話し相手で、虚子が何枚も写真持っている法隆寺に関わる人物。『斑鳩物語』でなつかしさを感じさせ、法隆寺などのとりとめもない話をなつかしいと感じさせた、虚子にとって「なつかしい」相手とは、子規以外には考えられません。

次の引用は、内容的に気になるというより、これから遡及的推論を進める上で気になる「場所」の記述です。

②「ちつとも知らない」――初瀬（長谷寺）

電報を認め終つて娘に渡しながら、

「下は大変多勢のお客だね。宴会かい」〔…〕

「いいえ。〔…〕あした初瀬に行きやはるさうだす〔…〕」

と娘は立とうとする。電報は一刻を急く程の用事でも無い。

「初瀬は遠いかい」〔…〕

とわざと娘を引きとめて見る。

「初瀬だつか」

と娘は一度腰を下ろして、

「初瀬はナー、そらあのお山ナー、そら左の方の山の外れに木の茂つたとこが

ありますやろ……」〔…〕

と延び上るやうにして、

「あこが三輪のお山で。初瀬はあのお山の向うわきになつてます。旦那はんまだ初瀬に行きやつた事おまへんか」

「いやちつとも知らないのだ。さうかあれが三輪か〔…〕」

高浜虚子（1907）前掲書、p.41

「お道さん」を引き止める口実のようにして持ち出した初瀬（三輪）。その地の長谷寺で、虚子が後になって詠んだ句と、不思議にも読まれなかった句。この二つの「事実」を起点にして虚子が『斑鳩物語』を書いた理由、言い換えれば子規への強い追憶の念について、その根拠ないしは理由を遡及的に推論していきたいと思います。

5. 推理に先立つ「動かぬ」証拠——磐石の足

一般に観音さまは蓮弁の台座におられるが、長谷の十一面観音は、山の頂上の磐石の上に立っておられる。現世の衆生の「声」があれば、すぐさま救済できる準備が整っている。

いや、準備どころか、既に救済は始まっているのだ。このことは、月に夢中の井泉水はもとより、十一面観音にぞっこんの白洲正子も見逃してしまい、写生に長けた虚子の目からもすり抜けた。

長谷寺の十一面観世音菩薩は、造立から500年近く経つ今も、なお金色に

磐石の足（長谷寺 十一面観世音菩薩）
（奈良・長谷寺提供）

輝いている。ただ磐石にある足を除いて。巨大な観音さまに唯一触れ得るところが足。足に手を置いて、数え切れないくらいたくさんの人々が、観音さまに願いを込めてきた。一人ひとりの微かなワンタッチの積み重なりが、観音さまの御足を黒く変えたのである。〔…〕観音さまの右の足。その足は、「すでに一歩、踏み出している」。

中島敬介「磐石の長谷寺」（２０１９）『EURO-NARASIA Q』vol.14.p.18

『斑鳩物語』の約40年後、１９４３年（昭和18）、虚子は奈良県出身の俳人・阿波野青畝らを帯同し、長谷寺を訪れています。その「長谷寺吟行」のときに詠んだ句の一つが、

花の寺末寺一念三千寺

虚子はわずか17音でマクロの長谷寺を言い尽くしました。たくさんのお寺の僧侶たちの一念の向かう先が、本尊の十一面観音菩薩立像。一般に言う長谷の観音さまです。この観音像には特徴がいくつかあって、まず大きいこと。身の丈約10メートル18センチメートルあります。第二に、ふつうの仏像のように蓮弁ではなく山頂のむき出しになった「磐石」とよばれる岩の上に立っていること。第三に、本来は地蔵菩薩の持物である——他の観音さまが手にすることのない——錫杖を持っていることです。お地蔵さまは地上で救済に駆けつける役割の造形として杖を持っていますが、長谷観音もお地蔵さまのように助けを求める人のもとに駆けつける態勢を

とっているのです。このことと関わって、長谷の観音さまの最大の特徴が、右足です。

今の長谷観音像はつくられてから500年くらい経っているのですが、全身は依然として金色に輝いています。ただ、足だけが黒光りしている。お参りに来るたくさんの人たちが、祈りを込めて撫でるからです。数え切れないくらいたくさんの人が、この足を見て触れてきたはずですが、ほとんど気付かれないこと、それは右の爪先が、下の磐石からすでに一歩、踏み出していることです。

気付けば誰もが「おお」と思う、他に類例のない長谷観音の一歩踏み出した――角度によっては浮いているようにさえ見える――磐石の足を、虚子は「写生」できていません。それを詠んだ句が見当たらないのです。

一方、次のような句は残しています。

御胸に春の塵とや申すべき

高浜虚子『六百句』（1947）菁柿堂、p.151

虚子は長谷観音の胸のあたりに、なにやら「翳り」のようなものを観察し、本来清浄な空間であるお堂にあるはずのない、あってならない胸の「塵」と表現しました。現実にあったかどうかもわからない、かすかな胸の「塵」は句にできたのに、写生にあたっては見逃すはずのない、一歩踏み出した足は詠めなかった。これが、動かぬ証拠です。

推理小説であれば、探偵が「皆を集めて『さて』と言い」の場面です。

あらためて私の推論を全体として整理し、結論に向かいたいと思います。主な参考文献は、『斑鳩物語』から十年後に書かれた『子規居士と余』(一九一五)という虚子の著書です。

長谷寺 十一面観世音菩薩
(奈良・長谷寺提供)

ABDUCTION

1. ADVENTURES

(1) 俳句と子規からの遁走

俳句文芸誌「ホトトギス」を主宰し、日本の俳壇に重きをなした高浜虚子は、同時に優れた小説家でもありました。正岡子規の教えを乞うたのも、元はと言えば志《こころざし》は小説にあって、発句の習熟が文章上達の近道と考えたからです。虚子は「世の人が子規門下の高弟として余を遇することは別に腹も立たなかったがそれほど嬉しいとも思わず」、子規から「後継者」にと懇請されても「私《あし》には出来ない」と謝絶し続けました。虚子が目指したのは俳人でも学者でもなく、大文学者だったからで、しかも「その大文学者とは大小説家」を意味していました。

明治35年（1902）に子規が亡くなると「束縛されておった縄が一時に弛んだ」かのように虚子は俳句から離れ、小説に傾斜していきます。『斑鳩物語』は子規の死の三年後の旅行をもとに、五年後の明治四十年に書かれました。当時は小説の世界に止まることに迷いを感じている時期でもありました。そういう人生の岐路となる時期に、「大和一円が一目に見渡されるやうない丶眺望」をのどかに写生し、本の序文を書いた漱石の評価すら得られない、月並み以下の小説にして出版するとは、とうてい思えません。

子規の「柿くへば」の句の舞台となった、法隆寺のある斑鳩という地域を――あえて――小説の舞台としながら、法隆寺は後景に退け、また法隆寺やその近辺の宿を「なつかしい」と言いながら、子規が唯一の音とした「鐘」の音を相対化し、何より旅行した秋の季節を春に変え、子規が句題とした果実の柿は、梨の花に置き換えられました。『斑鳩物語』には「法隆寺／秋／柿」への複雑に交錯した思いが窺えます。虚子にとって斑鳩とは、見ないですませられないような、あらがいようのない実在物としての法隆寺を、そしてその背後に現れる子規への強い意識を、消さないまま包み込みこんで隠してくれる、そういう意味を持った地域だったのでしょう。

また「お道さん」という宿の女性を、子規が惹かれた宿の女性の記述以上の存在として虚構したことなどを考慮すると、子規の俳句形式や写生文では描き切れない地域の姿や「風景」の多様さ、そして地域に生きる人やその生活の音などを「写生小説」に内包することで、子規の後継者となることを拒絶した意味や正当性を子規に訴えようと――あるいは自分自身に言い聞かせようと――していたように思えます。

虚子の『斑鳩物語』は、子規への――そして子規と虚子との――複雑な感情を呼び起こす「記憶」の写生です。そのことは「長谷寺吟行」で詠まれた「御胸の塵」と、詠まれることのなかった「磐石の足」から遡及的に推理することができます。

(2) 足から逸らす視線

明治三十五年(一九〇二)九月十九日未明、正岡子規の臨終に立ち会った弟子は、虚子だけでした。いや正確に言うと、子規の死亡時刻は十九日の午前一時。虚子は直前の〇時ごろ病床を離れて座敷に移っていました。子規が絶命したのは、虚子が眠ったか眠らぬかの束の間でした。虚子はとうとう子規の最期を看取れなかった。このわずかな時間のギャップが二人の間の微妙な「距離」を象徴しています。

子規の『病床六尺』の最後の記事が載ったのは九月十七日の新聞ですが、そのずっと前から子規の口述を弟子たちが交代で筆記していました。以下の九月十四日の記事は、虚子の筆になるものです。

▲足あり、仁王の足の如し。足あり、他人の足の如し。足あり大磐石の如し。〔…〕
居士は此朝非常に気分がいゝと言つて、余に文章を筆記させた。〔…〕
九月十四日の朝
今迄も殆ど動かす事の出来なかつた両脚が俄に水を持つたやうに膨れ上つて一分も五厘も動かす事が出来なくなつたのである。そろり〳〵臑と皿の下へ手をあてがつて動かして見やうとすると大磐石の如く落着いた脚は非常の苦痛を感ぜねばならぬ。〔…〕此度の様な非常な苦痛を感ずるのは始めてである。「足あり仁王の如し……」云々といふ記事も此文章を書いた序でに余が筆記したやうに覚えて居る。

左の手で仰臥してをる居士の右脚を支へるのであつたがぢつと支へてゐるうちに手がちぎれさうに痛くなつて来た。けれども其の余の手が微動をしても忽ち大震動を居士の全身に与へることになるのだからぢつと我慢をしてゐなければならなかつた。其は随分辛かつた。其の上根岸は蚊が名物なので、さうやつてゐる手にも首筋にも蚊が来てとまる。其を打つことも払ふことも出来無いので大に弱つた。其の時居士は斯んなことを言つた。

「脇の修行が出来るよ」と。


高浜虚子『子規居士と余』（1915）日月社、p.137-141、149

ぱんぱんに水の溜まった子規の足を動かぬように支えたのが虚子でした。仰臥した子規の右足を、左手で微動だにさせず支え続けました。手がちぎれそうになっても離さなかった。手にも首筋にも顔にも「根岸名物」の蚊がとまったが、打つことも払うこともしなかった。手がほんのわずか動くだけで、子規の全身に激痛が走るからです。

虚子の「長谷寺吟行」は、子規が「大磐石のごとし」と自嘲した足を支えてから四十年後。磐石のような足を支えた記憶は時とともに薄れていったでしょうか。「磐石」から一歩踏み出した長谷の観音さま特有の足を、虚子なら容易に観察できたはずなのに、写し取れていません。死が迫った子規の、動かせない「磐石」の足の「記憶」が、虚子の目を上に逸らせ、そこに映ったのが、胸元の「翳り」。

(3) 視線の先に胸の翳り

〔明治28年5月〕神戸の病院に行つて病室の番号を聞いて心を踊らせ乍ら其の病室の戸を開けて見ると、室内は間として、子規居士が独り寝台の上に横たはつてゐる許りであつた。〔…〕

どうしても喀血がとまらぬので氷嚢で肺部を冷し詰めた為めに其処に凍傷を起こした。或る一人の若い医師が来て見て、

「こんな馬鹿をしては凍傷を起こすのは当然だ。いくらあせつたつて止まる時が来なけりや血はとまりやしない。出るだけ出しておけば止まる時にとまる。」

此の言葉は頗る居士の気に入つたらしく病み衰へた顔に珍らしく会心の笑を洩らした。実は医師の言つたよりも大分極度に氷を用ゐていたので、しかも下にガーゼも何も当てないで直接に氷嚢を皮膚に押しつけるやうなことをして此凍傷を起こしたのであつて、其も居士の発意に基づいてやつたのであつた〔…〕

高浜虚子『子規居士と余』(1915)日月社、p.59、63-64

子規の死因は脊椎カリエス。肺を冒した結核菌が脊椎を蝕んだのです。虚子は最初の発病で入院した子規の介抱に当たりました。子規の発案で、なんとか喀血を止めようと、氷を直接肺部に押し当て続け、「胸」がひどい凍傷を起こしました。若い医者は小細工を嗤って、こう言い捨てたそうです。「出るだけ出して置けば止まる時に止まる」

子規はこの言葉が大いに気に入ったらしく、内には結核菌、外側には凍傷という胸の「翳り」を抱えながら、病み衰えた顔に、会心の笑みを洩らしたと言います。これ以後、再生の悦びに満ちた子規の顔を、虚子は見ることがなかった。虚子が致死の病を得た子規の期待と懇請を最後まで拒否し続けたからかもしれません。

子規が亡くなった夜、老母から、

「升（正岡子規）は清（高浜虚子）さんが一番好きであつた。〔…〕」

高浜虚子（1915）前掲書、p. 155

と聞かされて、虚子は子規追憶の筆を擱きました。その著書『子規居士と余』は、次の言葉で閉じられています。

余の生涯は要するに居士の好意を辜負した生涯であつたのであらう。

高浜虚子（1915）前掲書、p. 157

これに関わって、この本には興味深い記述が載っています。

2. MEMORIES

(1) 子規──「母性」

〔…〕人の師となり親分となる上に是非欠くことの出来ぬ一要素は弟子なり子分なりに対する執着であることを考へずにはゐられぬのである。たとえば其は母が子を愛するやうなものである。余の知つている或一人の寡婦は〔…〕陰になり日南になりしてその子を暖き懐に抱きよせようとしてをる。其結果其の子は夙くに堕落し切つてしまふ筈のものがまだ兎も角其迄の深淵に陥らずに踏み止まつてをる。これは母の愛である。母の子に対する執着である。〔…〕曲がりなりにも尚ほ母一人子一人として互に頼り合つてゐることのできるのは其母の執着――愛――の力である。〔…〕為すある師匠、為すある親分は其点に於て執着――愛――を持つをる。たとひ弟子や子分の方から逃れようとしても容易に其を逃しやしない。母の愛が子を　抱きしめるやうに其一種の執着力はぢつと弟子や子分を抱きしめてゐて、縦ひもがき逃れようとしても容易に其を手離しはしない。さういふ点に於て子規居士は十二分の執着――愛――を持つてゐた。

高浜虚子（1915）前掲書、p. 99-100

（2）長谷観音――「女性」

『長谷寺霊験記』は、天平勝宝5年2月19日、長谷寺に行幸された聖武上皇の夢枕に、観音菩薩が立たれたと言い、次のように記している。

観音光ヲ十方ニ放チ。八大龍王八大童子等ノ眷属ニ引卒シテ。法皇ニ告テ云ク。濁世ノ猛キ衆生ヲ和ル事ハ。只女人なり。我レ此光ヲ和テ婦女ノ身ヲ現シテ。久シク末代ニ及テ国家ヲ護シ。衆生ヲ利サント思フ。

長谷の観音さまは、濁世（乱れた世の中）の殺伐とした衆生を救えるのは「女性」

だけだと、女身のかたちで出現されたのである。いまだ「濁世」は続いている
から、今なお長谷の観音さまは女性に化身されたままに違いない。〔…〕
観音菩薩は、慈母観音・悲母観音として語られることがある。「濁世ノ猛キ衆生」
をも、漏れなくお救い下さる長谷の観音さまは、あるいは「母性」の化身なの
かもしれない。

中島敬介（２０１９）前掲書、p. 22

（3）視線と記憶の転移

虚子は、堕落していく子供を絶対に見捨てない母親を例に引き、子規もその母親と同じように執着（愛）を持っていると書いています。母が子を抱きしめるやうに、じっと弟子（虚子）を抱きしめて、逃げようともがいても逃がしはしない、と。

子規の願いを拒絶した虚子も、抱きしめる母（子規）の手を振りほどいて逃げようとはしなかった。明治二十八年に子規の胸を冷やし続けた、その同じ手で、七年後も子規の膨れあがった磐石のような足を支え続けたのです。どれだけ蚊に刺されようが、子規当人にからかわれても、凝《じ》っと微動だにせず。

子規に背き続けた末の明治三十五年、何があっても虚子が離さなかった「磐石の足」は、後々まで写生できない「記憶」として残りました。とりわけ子規が大切にして虚子に後継者となるように願っていた俳句という形式では。

明治二十八年の子規の胸の凍傷は、虚子が子規の思いに背く前の出来事です。そのときの胸の「翳り」なら、子規に学んだ俳句の「型」でも写生できたのでしょう。

虚子にとって、胸の「翳り」を抱えた子規の会心の笑みは、母一人子一人が、互

いに頼り合えた幸せな時代の、最後の笑みの「記憶」だったに違いありません。

この二つの「記憶」をよみがえらせたのが、磐石の足と胸に翳りを漂わせた――女性として出現した――長谷の観音さまでした。

虚子の意識は「女性」の長谷観音から、「母」の執着を持つ子規へ転移し、その転移につれて、視線は「足」を逸れて「胸」へと移っていきました。逸れたせいで写せなかった記憶があり、移ったところで別の記憶が描かれたのです。

『子規居士と余』の当時ですら、子規への虚子の心情は、「足」と「胸」の記憶を伴って薄れることがなかった。そのさらに十年前の『斑鳩物語』の時期、「柿くへば」が詠まれた晩秋の斑鳩の里を旅した虚子にあって、子規の記憶は、一層鮮明であったと思われます。

最後に、虚子の「犯行動機」、いや『斑鳩物語』の執筆動機に触れておきます。

3. RETURN

(1) 執筆の契機――心的状態

虚子、四方太の諸氏は折々この点(※引用者注;写生文の特色のこと)に向って肯綮にあたる議論をされるようであるが、余の見るところでは物足らぬ心地がする。〔…〕
写生文と普通の文章との差違を算え来るといろいろある。いろいろあるうちで余のもっとも要点だと考えるにも関らず誰も説き及んだ事のないのは作者の心的状態である。

夏目漱石「写生文」『夏目漱石全集10』（1988）筑摩書房、p.304（傍点原文）
※初出：読売新聞（1907．1）

漱石は「虚子、四方太の諸氏」と「虚子」の名を具体に挙げ、写生文の本質がわかっていないと前置きした上で、写生文の要点とは「作者の心的状態」だと、わざわざ傍点をつけて強調したのです。虚子くん、君は気づきもしていないだろうが、とでも言うように。

この文章の初出は、一九〇七年（明治四十）一月。『斑鳩物語』がホトトギスに掲載されるのは、同じ年の五月です。大小説家を志していた虚子なら、二三か月もあれば原稿用紙二十五枚にも満たない『斑鳩物語』は、苦もなく書けたでしょう。子規の親友・漱石から、写生文の本質は「作者の心的状態」だと指摘され、これに触発されて、漱石の言うとおり「心的状況」を綴った『斑鳩物語』を執筆すると、挙げ句には「低徊趣味」で著者の虚子以外にはどうでも良い小説と評されたのです。

『斑鳩物語』の二年後に出版した短編集『凡人』の序文から、『斑鳩物語』執筆の時点で、すでに小説家としての自分に、限界を感じていたことが窺えます。

今此書を出すに当つて曩に『鶏頭』〔※引用者注：本書に『斑鳩物語』が収録されている〕を出した当時の心持を思ひ出して見る。当時はもう此『鶏頭』に収めたやうな文章には決して再び筆を染めまいと思つた。此心持は今も亦繰り返さるゝ。余はいつ迄も斯んな境涯に彷徨いて居ては仕方が無いと思ふ。余は更に新らしき境地を見いださねばならぬ。

高浜虚子「序」『凡人』（1909）春陽堂、序pp. 5-6

子規の思いに背き続け、ようやく転じた小説の世界には、大文学者で大小説家の夏目漱石が立ちはだかっていました。いや、漱石を文壇に引っ張り出したのは虚子ですから、虚子は自ら、自分の居場所を脅かす「怪物」を生み育てたのです。『斑鳩物語』は、過去に遡る子規と俳句の記憶を写したと同時に、小説に向かう自身の限界をも露呈した、その意味では自らの墓碑銘のような作品とも言えるでしょう。

そのような、過去への追憶と将来展望が重なった虚子の心的状況が、やがて子規と俳句への回帰に向かわせます。

(2) 虚子帰る――子規と俳句への回帰

子規を直接のテーマとした虚子の作品は『子規居士と余』のほか、小説仕立ての『柿二つ』があります。どちらも同じ年、一九一五年（大正四）に発行されています。前者の発行は六月。後者は一月から東京朝日新聞に連載され、九十九回で終了した後、四月に発行されました。子規追憶の二著が、ほぼ同時期に並行して執筆されていたことになります。『子規居士と余』には子規が虚子に宛てた慈母の如き「執着（愛）」の書翰が大量に附録され、『柿二つ』には、前者では記されなかったK（虚子）の様子が描かれています。子規臨終の夜、門下生たちに知らせに回った虚子は、未明になって子規の家に戻ったの心境を、次のように表現しています。

> 嘗て其戸に手をかけて一番に耳に伝はつて来る叫喚の声を聞くことが身を切られるやうに辛かつた、其戸も今は何の弾力も持たないもの、やうに開いた。

正岡子規
（近代日本人の肖像）

高浜虚子
（近代日本人の肖像）

『子規居士と余』と『柿二つ』が出版される二年前、虚子は、「虚子即ホトトギス」と豪語して、本格的に俳句の世界に復帰しました。子規のいなくなった『ホトトギス』は、その「戸も今は何の弾力も持たないもの、やうに開いた」のでしょう。

虚子は居直るように「守旧派」を標榜し、『ホトトギス』における自身の絶対化を主張しました。まるで子規に生まれ変わった――子規が転生した――かのように。

虚子の俳壇復帰の理由については、子規の没後袂を分かった碧梧桐や大勢力となった新傾向派への対抗だの、経営難に陥った『ホトトギス』再興の一策だの、あるいは俳句の国民芸術化だのとさまざまに論じられています。たしかに、どれも日本の近代俳句史という「大きな物語」の動向には合致しています。

しかし、虚子個人の――そして子規との関係といった――「小さな物語」に目を転ずれば、別の違った理由も見いだせそうです。

（3）「俳句」への帰還の真相

「清（高浜虚子）も升さん（正岡子規）が一番好きであつた」のです。

執筆者等プロフィール

植村和秀（うえむら・かずひで）

京都産業大学法学部教授

1966年京都府生まれ。京都大学法学部卒業。専門は日本政治思想史。『昭和の思想』（講談社選書メチエ、2010）、『日本のソフトパワー』（創元社、2012）、『ナショナリズム入門』（講談社現代新書、2014）、『折口信夫』（中公新書、2017）など著書多数。

櫟原聰（いちはら・さとし）

歌人・奈良県立図書情報館非常勤講師

1953年奈良県生まれ。1976年京都大学文学部国語国文学科卒。東大寺学園中・高等学校教諭、同教頭（2011年退任）などを経て2019年から現職。前登志夫に師事。短歌結社「山繭の会」、「京大短歌」所属。歌誌「ヤママユ」編集委員。歌書に『精霊のゆくえ 晩年の前登志夫』（本阿弥書店、2011）、『古歌の宇宙』（不識書院、2014）、『一語一会』（ながらみ書房、2016）など。歌集に『火謡』（砂子屋書房、2002）、『古事記』（雁書館、2007）、『碧玉記』（本阿弥書店、2013）、『華厳集』（砂子屋書房、2016）など。

大川真（おおかわ・まこと）
中央大学文学部人文社会学科哲学専攻教授
1974年群馬県生まれ。東北大学文学部卒業後、同大学大学院文学研究科博士課程修了。博士（文学）。専門は日本思想史、日本精神史。東北大学大学院文学研究科助教、吉野作造記念館館長、中央大学文学部人文社会学科哲学専攻准教授を経て、2020年から現職。著書に『近世王権論と「正名」の転回史』（御茶の水書房、2012）、『年号と東アジア―改元の思想と文化―』（共著。八木書店、2019）など。

福家崇洋（ふけ・たかひろ）
京都大学人文科学研究所准教授
1977年徳島県生まれ。2001年京都大学経済学部卒、同大学院人間・環境学研究科博士後期課程研究指導認定退学。博士（人間・環境学）。富山大学准教授を経て2018年から現職。専門は近現代日本の社会運動史、社会思想史。著書に『戦間期日本の社会思想 「超国家」へのフロンティア』（人文書院、2010）、『日本ファシズム論争 大戦前夜の思想家たち』（河出書房新社、2012）、『満川亀太郎 慷慨の志猶存す』（ミネルヴァ書房、2016）、『思想史講義』（共編、筑摩書房、2022～23）。

西田彰一（にしだ・しょういち）

国際日本文化研究センタープロジェクト研究員

１９８６年大阪府出身。立命館大学文学部日本史学専攻卒業。立命館大学大学院文学研究科日本史専修修了。総合研究大学院大学文化科学研究科国際日本研究専攻単位取得退学。博士（学術）。日本学術振興会特別研究員（ＰＤ）、立命館大学衣笠総合研究機構 専門研究員を経て、２０２２年から現職。専門は日本近現代史。著書に『躍動する「国体」 筧克彦の思想と活動』（ミネルヴァ書房、２０２０）など。

中島敬介（なかじま・けいすけ）

奈良県立大学ユーラシア研究センター特任准教授、副センター長

１９５６年生まれ。２０１７年から現職。主な著作に「『勅語玄義』に見る奇妙なナショナリズム」東洋大学 井上円了研究センター編『論集 井上円了』（２０１９）教育評論社、「地域経営の視点から見た『平城遷都一三〇〇年祭』」『都市問題研究』第60巻11号（２００８）、「もう一つの観光資源論」『日本観光研究学会研究発表論文集No. 29』（２０１４）、「井上円了の国家構想」『東洋大学井上円了研究センター年報vol. 26』（２０１８）、「南貞助論―日本の近代観光政策を発明した男」『日本観光研究学会研究発表論文集No. 34』（２０１９）など。

イザベラ・バードの「奈良」紀行
――英国女性旅行家の熱狂と無関心

中島　敬介

イザベラ・バード(バードの評伝の口絵より)

はじめに──本書としては「おわりに」

では、今学期最後の「奈良イメージ論」の講義を始めます。

ここまで、奈良に蒔かれたさまざまな言葉や思想を通して、単一のＮＡＲＡではない複数のＮＡＲＡＳを探ってきました。前回の講義では高浜虚子の『斑鳩物語』をとりあげ、虚子の心象風景が投影された、一般的な捉え方とは違った斑鳩地域のイメージを追跡しました。

今回の題材はイザベラ・バードの『Unbeaten Tracks in Japan』。『日本奥地紀行』と訳されることの多い、明治期日本の国内旅行記です。

考察のポイントは、奈良を代表する──というより世界レベルの──観光地である奈良公園周辺への──意外なまでに──冷淡な記述と、桜井の初瀬地域や長谷寺への──尋常ではない──絶賛の表現です。

自分で言うのも何ですが、けっこう興味深い内容だと思います。ただ紙幅の、いや失礼、講義時間の関係で、今回は事実関係を中心にお話しし、バードの熱狂と無関心の理由についての考察は別稿で、いや失礼、時間を別にとって行います。……嫌な顔しないでくださいよ、今学期の成績評価の対象とはしませんから。

あのですね、打ち明けて言うと私には一つの野望があって、それはこのイメージ論の多様なＮＡＲＡＳや、近世・近代のヒト・モノ・コト、そして奈良とゾロアスター教とのつながりなんかを一括りにして、「ＮＡＲＡＳＩＡ(ならじあ)学」という超学問分野をつくることなんです。バードの記述の追究も、その一貫としてどうしてもやっておきたいんですよ。事情が許せば次回配本のシリーズで、いや失礼、来学期の講

(日本旅行記の和訳本)

義時間に扱うことにします。

では本文、いや失礼、テキストに引用したバードの日本旅行記の記述を追うかたちで講義をすすめます。訳文に疑問のあるところは、併記した原文(英語)を確認しながら読み進めてください。

1. イザベラ・バードの「内地旅行 Travels in the Interior」

《2種類の日本旅行記》

ヴィクトリア王朝期の英国(イングランド)で生まれたイザベラ・バード(Isabella Lucy Bird、後Mrs. J.F. Bishop / 1831－1904。以下「バード」とも略す)は、1878年(明治11)5月20日の横浜来港から、12月19日に横浜から離日するまでの7か月間、日本の国内各地を旅行した。

1885年(明治18)ロンドン(ジョン・マレー社)で出版された『Unbeaten Tracks in Japan』(以下『1885年本』)は、そのときの旅行記である。「An Account of Travels in the Interior, including Visits to the Aboligines of Yezo and The Shrine of Nikko」(「蝦夷の先住民と日光東照宮の訪問を含む、内地旅行の報告」)のサブタイトルが付された本書は世界各地で愛読され、日本でも『日本奥地紀行』と題されたもののほか、数種の訳本が出版されてきている。イギリスのヴィクトリア期には、Victorian Lady travelerと称される数多の女性旅行家が輩出したが、その中でとりわけ日本におけるイザベラ・バードの知名度は、群を抜いている。一方、その内実を探れば、北海道の先住民(アイヌの人たち)を西洋に紹介したことで―のみ―有名とも言える。

UNBEATEN TRACKS
IN JAPAN

LONDON
JOHN MURRAY, ALBEMARLE STREET

(「1880年本」)

UNBEATEN TRACKS
IN JAPAN

LONDON

(「1885年本」)

著書タイトル中の「Unbeaten Tracks」は「奥地」と訳され、サブタイトルの「Visits to the Aboligines of Yezo」の文言と重なって、バードの日本国内旅行はいやがうえにも未踏・未開地探検のイメージに覆われている。結果として､バードの知名度の偏りにもつながっているのである。たしかに、バードは北海道のアイヌの人たち生活や習俗の詳細を、はじめて西洋に──学術的な分野はさておき、一般の人々に向けて──紹介した人物と言うことはできる。しかし、1878年（明治11）の日本訪問は、決して「そのこと」だけを目的としたものではなかった。

実のところ『1885年本』は、その5年前の1880年（明治13）に発行された、ほぼ2倍のボリュームを持つ2巻構成の著書（以下『1880年本』または『原本』）が、複雑かつ周到に──かつ大幅に──削除・再編集された簡略版なのである。改版の契機となったのはよくある話で、北海道にも詳しいイギリス人博物学者からの──それ自体は正当な、しかしある種の嫉みも混じった──事実関係の誤解や誤認、専門用語の誤用などに対する指弾だった。だがその部分の修正にとどまらず、簡略版へと移行したのは出版社（人）の思惑によるものだった。

《何が『1880年本』から省かれたのか》

表紙に限れば､『原本』と『1885年本』の違いは、わずかである。前者のサブタイトルにあった「The Shrine of Nikko」に続く「and Iśe」の2語と、それに伴うShrinesの複数を示す最後の「s」だけが後者に見当たらないだけだ。だが、このたった7文字の削除によって1878年のバードの日本旅行から、伊勢神宮参拝と──奈良を含む──関西各地への旅行が

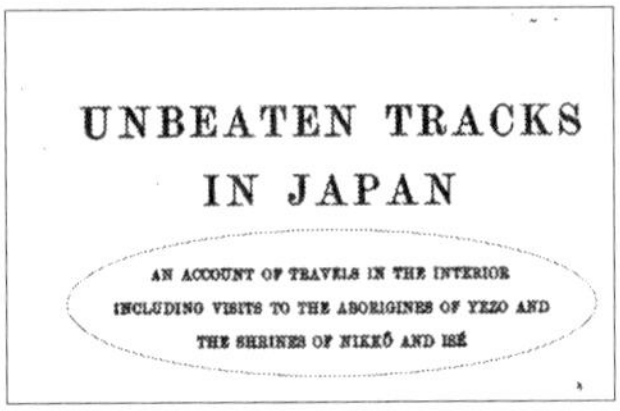
UNBEATEN TRACKS
IN JAPAN
AN ACCOUNT OF TRAVELS IN THE INTERIOR
INCLUDING VISITS TO THE ABORIGINES OF YEZO AND
THE SHRINES OF NIKKŌ AND ISÉ

（「1880年本」）

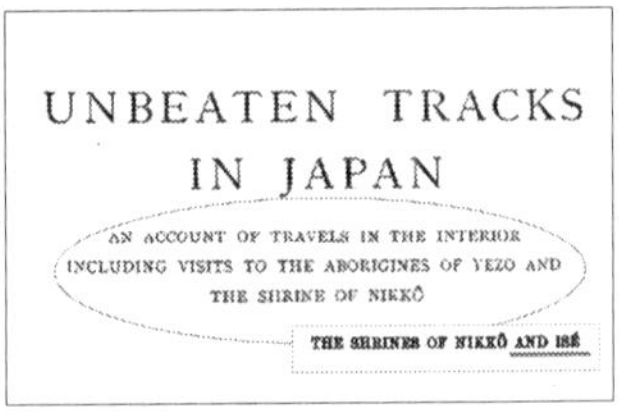
UNBEATEN TRACKS
IN JAPAN
AN ACCOUNT OF TRAVELS IN THE INTERIOR
INCLUDING VISITS TO THE ABORIGINES OF YEZO AND
THE SHRINE OF NIKKŌ
THE SHRINES OF NIKKŌ AND ISÉ

（「1885年本」）

消されてしまったのである。

やり手の出版人・ジョン・マレーの目論見は明快だ。『1880年本』で評判を呼んだ「蝦夷への旅とそこでの生活」にフォーカスを絞り、さらにボリュームダウンで廉価化することで読者層の拡大をねらったのである。かくして『1885年本』は、さながら一人の英国人女性による――蝦夷（北海道）という当時の日本人にとっても――「日本の奥地」感満載の、まさに秘境探検記のごとき本に仕立て直されたのである。マレーのねらいはまんまと図に当たり、『1885年本』はイギリス国内のみならず世界各地に普及して、女性旅行家にして旅行作家、イザベラ・バードの名を高らしめることに貢献した。その「and Iśe」と「s」の削除の代償が、「関西旅行」の削除であったのだ。

バードの没後まもなく出版された評伝（Stoddart, Anna M. The Life of Isabella Bird (Mrs. Bishop), London, John Murray, 1906）には、『1880年本』にも記されていない蝦夷での「事件」も、直接彼女からの聞き取りとして載っている。そのように、かなり詳細にわたる評伝でありながら、北海道からの帰京後については「〔蝦夷から〕9月20日ごろ〔18日〕に東京の英国公使館に戻ると〔…〕その後の約2か月間は、その公使館を本拠とした」としか書かれていない。10～11月の――奈良を含む――関西方面の旅行は、なかったことにされているのである。

《日本旅行の目的》

バードの海外旅行のそもそもの動機は「健康回復」であった。幼少から病弱であった彼女への治療の一貫として、医者が外国旅行を勧めた

──処方した──のである。心身の健康には気候・風物を含む自然環境の快適さが不可欠と考えられていたからで、事実、バードは海外旅行によって劇的に健康を回復している。

日本旅行も例外ではなく、健康回復の目的から外れたものではなかったが、といってバードは必ずしも日本の「気候がすばらしいという評判」に惹かれたわけではない。日本には「健康になりたいと願って一人で旅をする者に、大きな楽しみと元気を与えてくれる」ような、「物珍しく興味を引くものが、ことのほか多く」あると考えたのだ。『原本』(以下「本書」とも記す)の前書きで、バードは自身の日本旅行記を「日本の理解に十分役立つと確信」すると自負している。その「確信」の根拠は、蝦夷だけでなく──もちろん「蝦夷の先住民については〔…〕これまでよりずっと詳しく説明できるようになる」と自信をにじませるのだが──何より、「数ヶ月にわたって本州の内地」を旅した、まさにその実体験に裏付けられているのである

バードの「日本での旅の記録」は、「この国の現状に関する知識を少しでも豊かにしようとの試み」であり、この狙いに即して、『原本』では、当時の日本の習俗や建築物、芸術文化に関するメモ、「伊勢神宮関する覚書」や「神道に関する覚え書き」、外国貿易の統計数値、さらには──日本政府から提供された資料に基づくという──明治12年度の国家予算まで附録されている。まさにサブタイトル冒頭の「報告書An Account」に相応しい内容をそなえたものと言えるのだが、冒険物語と化した簡略版の『1885年本』では、そのすべてが──バードの熱意に水を注すように──削除されている。

あらためて、1878年のイザベラ・バードの日本旅行について、整理しておこう。

旅行目的は、日本とはどのような国であるのか、その実態を知るためのもの。主な旅の内容は、アイヌの人たちを訪問するための蝦夷（北海道・平取）への旅行――日光東照宮への旅は、蝦夷への旅程に組み込まれていたと見ることもできる――と、伊勢神宮への参詣の旅――宗教事情見聞のための神戸・大阪・京都への旅を除けば、関西各地への訪問は、その道中とも言える――で構成されていた。

その旅行記である1880年発行の『原本』（Unbeaten Trucks in Japan: An Account of Travels in the Interior, Including Visits to the Aborigines of Yezo and Shrines of Nikko and Iśe,vol I , II , London, John Murray, 1880）は、日本の実情を欧米（とくに英国）の一般読者に伝える意図で執筆された。後の事情により、1885年に「関西一円と伊勢神宮への旅」の抹消を含む、大幅な削除・編集が施された簡略版『1885年本』が発行された。この『1885年本』が世界的に普及したことで、結果として「アイヌ人を訪問するための蝦夷（北海道・平取）への旅行」だけが、バードの日本旅行としてフィーチャーされることとなったのである。

《外国人対する内地旅行の制限》

バードが訪れた1878年当時の日本は、いわゆる「安政五か国条約」の取り決めに従って、外交官や御雇いの役人などを除き、一般の外国人が自由に旅行できる範囲は、開港場から半径10里以内に限られていた（「外国人遊歩期（規）定」）。10里（約40キロメートル）とは、当時のほぼ一日

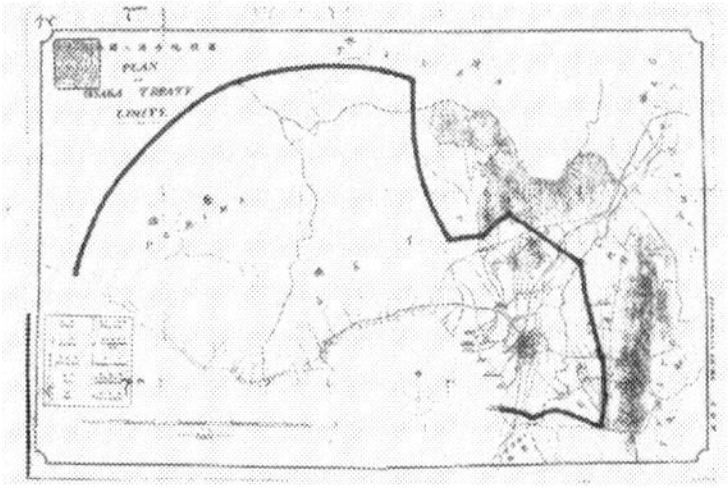

（「外国人遊歩規定図」国立国会図書館所蔵）

の移動上限と考えられることから、宿泊を伴う旅行は、原則として禁じられていたことになる。ただし、病気療養等の健康保全や専門家による科学的調査などに対しては、遊歩期（規）程を越えた日本国内旅行が、明治初年のかなり早い時期から、「特例的」に認められていた。遊歩範囲を越えた地域は「内地」と呼ばれ、旅行する——「内地に足を踏み入れる」——には、外務卿（省）が許可する「外国人旅行免状」を必要とし、そこには「国籍／姓名／身分／寄留地名／旅行趣意／旅行先及路筋／旅行期限」の明記と、各国公使の保証とを必要とした。

なお、一般に明治7年5月31日の「外国人内地旅行允準条例」をもって外国人内地旅行についての許可制が採用されたとされているが、正しくない。本允準条例は寺島外務卿から三條太政大臣に宛てて発出された「外国人内地旅行ノ従来ノ取扱振上申ノ件」という上申書の附属書である。学術研究・温泉療養などについての内地旅行は、上申書に「従来ノ取扱振」と記されているように、それ以前（おそらく明治3年ごろ）から本允準条例に基づいて許可されていたのである。

あらためて『原本』表紙の記載を読み解けば、遊歩期（規）定外の場所が「内地」すなわちサブタイトルの「interior」。タイトルの「unbeaten」とは一般外国人が「足を踏み入れる」ことができないという意味の「未踏」で、普通にイメージされる意味での「未踏（開）の地」でもなければ、「奥地」でもない。『Unbeaten Trucks in Japan』をタイトルとする本書は、「一般の外国人が足を踏み入れることのできない日本内地の旅行記」である。表紙の記述を通してバードが主張したのは「日本の秘境を探検してきました」ではなく、「ふつうの人が行けないところに私は行ってき

たのよ」であった。

ふつうの人にとって「unbeaten」な日本の「interior」を、バードが7か月にもわたって旅行できた(well-beaten)のは、当時の日本外交にとって最強のネゴシエーターであった英国公使ハリー・パークスの「特別」な便宜・計らいがあったからだ。

バードは本書の中で「普通外国人は旅行免状に記されたルート[路筋]以外を旅行できないのだが、今回はH・パークス卿が事実上何の制限もない旅行免状を入手して下さった」と感謝の意を表している。これに続けて「この旅行免状は『病気療養、植物調査および学術研究』という理由で申請され公布される」と続けているが、バードの国内旅行に関して言えば、その理由のいずれにも該当しない。原則に基づけば、バードは各開港地の居留地から宿泊を伴う旅行はできないのだが、この種のルールの例に漏れず、「外国人内地旅行允準条例」にも例外規定が設けられていて、「日本在留其国公使より依頼する時〔または〕其国公使証明の内地旅行を乞ふ時は〔いずれも〕是を許可すへし」(第九)と定められていた。バードの場合はこの――その国の公使の証明があれば旅行を許可しなければならないとの――規定に基づくものであった。特例ゆえに訪れる地域や期間の制限もなく、パークスの胸一つなのである。

これは当然ながら個人的な好意によるものではなく、日本の内地開放(雑居)を目指すパークスの――あるいは英国公使館の、さらには英国政府の――外交政策上の計算が働いていたことは明らかである。同時に、幕末以来の悲願である「不平等条約」改正を背景にした、日本政府からの格別の協力もなくして実現できるものでもなかった。そもそも官僚組

※1 本書には北海道開拓使（黒田清隆）による「証文」の交付があったと記されている。
・安価に馬と人夫を利用できる「権利」
・自由に官舎を使用する「権利」
・吏員に援助を求める「権利」
・都合に合わせて汽船を留め置く（！）措置；等

織というものは──古今東西の区別なく──トップの決断だけで事が成就するようにはつくられていない。トップ・ダウンいう言葉あるが、トップの意をダウンさせる実行の「受け皿」がなくてはならない。バードの「例外」的な国内旅行の場合、英国外交使節団のトップである公使パークスが申し出て、日本のカウンターパートである外務卿（外務大臣）寺島宗則が承諾する手順が必要で、そのような二人の交渉と決定のためには、公使館員や外務省あるいは旅行先地域の役人の人たちが総動員されなければならなかった[※1]。パークスの意図だけで、あるいはパークスと寺島の密談で、有名旅行家とはいえ私人バードの便宜を図ることは不可能である。バードの国内旅行は日英両国の外交交渉の一環として、少しでも交渉を有利にすすめるための案件になっていたことは間違いなく、この事実に注意しておく必要がある。明治期におけるバードの日本旅行を、ただ「アイヌを訪問するための蝦夷への旅行」と理解しただけでは、バードの日本訪問の「目的」はもとより、当時の国内旅行事情、さらには幕末以来の最大の政治案件であった条約改正を巡る内外情勢などを含め、本来「Unbeaten Trucks in Japan」の旅行を、「An Account of Travels in the Interior」として成立させた条件や環境といった諸要因を、とり逃がしてしまうことになるだろう。

バードの日本内地旅行は、バード個人の健康回復を含め、嗜好やキャパシティの範囲でのみ行われたものではない。このような「Unbeaten Trucks in Japan」の一種の──強い言葉を使えば──「官製旅行」的な特質が、訪れた各々の──奈良を含む地域についての──バードの印象にも、色濃く反映していると考えられるのである。

【補記】 明治政府による正式な条約改正交渉は、明治9年(1876)年1月18日付けで寺島宗則(外務卿)の「先づ関税自主権回復の目的を以て外国との間に條約改正交渉を開始せん」との上申が太政大臣決裁されたことに始まる。

訳書によれば、バードは1878年8月16日(『原著』には日付が附されていない)に函館の「懲役場」を見学している。当時最大の外交案件は「条約改正」では、関税自主権とともに、外国人の内地旅行に関わって領事裁判権(一般に、治外法権)も大きな争点の一つとなっていた。

バードの懲役場見学は、この交渉当事者であったパークス及び日英両国政府の関与－支援－を推測させる一例である。このとき、バードは函館懲役場の心地よさが、「ちょっとその度が過ぎている!」と驚きを隠さず、「囚人たちは本当に幸せそうであるが、あまりにも人道的であり、この寛容な制度が矯正に資するのか否かについては確信がもてない」と懸念している。ただ注記として、日本旅行後に訪れた南海刑務所(中国・広東、Naamhoi Magistrate, the great prison)が「単なる強欲の所産であるまったくの蛮行と残忍行為によって罪人の取り扱いを定める習わし」の実態を目の当たりにし、「函館方式Hakodate' s system」を「大目に見たいとついつい思うようになった」と意見を修正している。

なお、バード訪日の3年後から、北海道に──一般の監獄とは別に──内務省直轄の「集治監」が樺戸・空知・釧路・網走と、次々に設置されていく。条約改正に向けた懲役刑制度の導入によって、懲役囚が急増し、従来の監獄では収容しきれなくなったからだ。北海道に集中したのは、国事犯・自由民権論者や「極悪の徒」を北の地に隔離するという目的のほかに、囚人労働による北海道開発の目論みがあった。囚人は「安価な労働力、死ねば公費節減」とばかりに、過酷極まる苦役に従事させられた。酷使と医療の不備によって、死亡者

は樺戸：524 名／ 14 年間、空知：891 名／ 10 年間、釧路：269 名／ 7 年間、網走：188 名／ 1 年間にのぼった。バードの訪日が数年遅れ、これら「集治監」の実情を知ったなら、「ちょっとその度が過ぎている！」の嘆息はどのように変化しただろうか。あるいは中国・広東の南海刑務所に対するときと同様に、怒りを爆発させたのではないか。

《本書『Unbeaten Trucks in Japan』の特徴》

バードの『Unbeaten Trucks in Japan』は、「旅先で妹と親しい友人たちに書いた書簡を中心とする形」という、特異な ― しかし、本書以前にも実績のある ― 編集方針が採られている。その結果「芸術的な脚色や文学的な修辞を犠牲にすることになるし、どうしても自己中心的」にならざるを得なかったと謙遜するが、一方で「読者は旅人の立場に身を置き、旅先でのよいことや悪いこと、つまり物珍しさや楽しみだけでなく不満や困難や退屈さをも共有できる」と、その利点も強調している。

もちろん、身内（主に3歳年下の妹・ヘンリエッタ Henrietta Amelia Bird）への書簡が主だからといって、嘘や誇張が混じっていないと決めつけることはできない。投函した書翰 ― だけ ― でコンテンツを（再）構成できたかどうかについても、全く疑問がないわけではない。研究者によっては、本書は書翰形式をとりながらも「旅先から書き送ったとするのは明らかに誤り」と見る向きもある。送られた手紙が残っていないことに加え、当時の郵便局立地状況や外国郵便制度事情を根拠とした主張だが、私はそうは思わない。

『Unbeaten Trucks in Japan』の魅力の本質は、文章の巧みさでも観察眼の鋭さでもない。そこに漲っているバードの感受性の豊かさである。

少なくとも、各地を巡って感想を描くというスタイルが採用された以上、それに見合った「内実」を保証する手段、すなわち体験からできるだけ早い時期に書き残しておくという方法も、同時に採用されていたはずだ。確かに、60通近い各報(書簡)が、その都度手紙として投函されたとは思えないが、多くはある「まとまり」をもって、妹・ヘンリエッタに送られたと考えるのが自然ではないか。

当時の郵便事情にしても、誤解があるようだ。当時すでに日本は、英国を含む欧州各国及び米国などで組織された「万国郵便連合」に加盟していた(加盟は明治10年)。このことは、当時の日本が同連合の定める「郵便上一大疆域を組成し他国発着郵便物を自国郵便物と同様に継続逓送を為す」に「均等」な状況、すなわち英米並みの郵便制度を備えていたことを示している。数字で見れば、明治11年の時点で海外に発送された郵便物数は20万通を超え、到着数もほぼ14万通に達していたのである。

さらに言えば、バードにはパークスをはじめとする日英両政府の全面的バックアップがあった。郵送だけに特別な便宜が図られなかったとは考えにくい。バードの身になって考えれば「重要な内容の、特に大変な分量のもの」は抱えて旅するよりも、どこかに保管しておく方が明らかに有利である。そして、どのみちその保管先に送付する必要があるのなら、旅先である日本国内のどこかよりも、妹・ヘンリエッタのもとの方が遙かに安心できる保管場所であったはずだ。

リアルタイムに近い書翰であれば、後の体験や知識によって記録や記憶が改竄されることもない。奈良の印象も含め、当時・当地で見聞した、生々しいデータが、ほぼそのまま情報化されていると考えてよいだろう。

ただし、その情報には日本旅行の時期、意識にのぼっていた事柄やその直前あたりの忘れがたい体験や印象が影響している可能性は否定できない。このことから、あらためて来日までのバードについて、ざっと見ておくこととしたい。

2．奈良以前のイザベラ・バード

《プロフィール》

イザベラ・バードは、1831年10月15日、イングランド・ヨークシャーのバラブリッジに、父・エドワードと母・ドーラの長女として出生した。3歳離れて妹・ヘンリエッタがいる。両親ともに聖職者の家系で、バード（イザベラ）は幼少時から、特にエドワードからの厳格な宗教教育を受けた。父、妹と同様に生来病弱で、外国への旅行も健康回復が目的であった。当時そのような治療法が一般的であったかどうかは寡聞にして知らないが、少なくともバードにとって旅行は、健康回復の特効薬であったようだ。

彼女の生涯については、すでに多くの優れた著作で繰り返し述べられている。それらをもとに作成した「略年譜」を末尾に附したので参考にされたい。ここでは、本論に必要な範囲で―私が知る限り―最も簡潔かつ当を得たプロフィールを、以下に引用（拙訳）し、続いて来日前の直近の海外旅行時（1872年）まで、一気に時を跨いでいくこととしたい。

イザベラ・バード（1831―1904）

ヴィクトリア時代の最も著名な（女性）旅行家の一人で、人気旅

行作家。忍耐強く、好奇心旺盛なことで知られる。旅行地は、カナダ、アメリカ、ハワイ、日本、マレーシア、ペルシア、クルディスタン（トルコ・イラク・イラン・アルメニア）、モロッコ、チベット、韓半島、中国など、世界各地に及んだ。彼女の世界旅行は、1854年に始まり1901年まで続いた。著述家として、あるいは写真家として、彼女は自らの体験を詳細に、かついきいきと描き、読者を魅了した。　　　　（『Black+White Photography』2015.4』

《ハワイ諸島》

1866年、最愛の母・ドーラが亡くなる。バードはロンドンに転居し、妹はヘブリディーズ諸島（マル島・トバモリー）に移る。孤独となったバードは、肉体的にも精神的にも最悪の状態に陥る。

1872年（40歳）7月11日、バードは長いブランクの後、長期旅行を再開し、エディンバラからオーストラリア・ニュージーランドに出航する。このときも、最初の旅のときの治療効果を期待する医者の勧めがあり、海と山の大気で健康を回復させる旅として計画された。バードは約半年間、オーストラリア等を旅行する。

翌1873年1月1日、バードはオークランド（ニュージーランド）から旧式の外輪蒸気船・ネヴァダ号で、サンドウィッチ島（ハワイ）に出航する。途中、熟練の船長も経験したことがないという、猛烈なハリケーンに見舞われる。このとき、バードは危機との遭遇が、むしろ心身の健康につながることを確信する。

25日間の船旅でたどり着いたハワイは、バードにとって別天地であっ

「コロラド・ロマンス物語」？（出所不詳）

た。その美しさと心地よさによって、それまでの10年以上に及ぶ肉体的・精神的苦痛から開放された。

バードは、太平洋上に広がるハワイ諸島を、7か月にわたり馬と船で巡った。熱帯植物や火山活動、溶岩のありさまなど、目にするもの全てに深い感動を覚えた。当時のハワイは、政治・宗教・文化の面でも欧米の注目を集めていたが、バードの関心も自然的な景物にとどまらず、ハワイ社会の諸相に及んだ。

このハワイの旅行記（The Hawaiian Archipelago, 1875, London）で、バードは女性旅行家・旅行作家としての地歩を築き、その後の日本旅行の実現にも、大きな影響をもたらしたのである。

バードは、ハワイからアメリカ本土に出航し、サンフランシスコ・オークランド・シェラネヴァダを経て、ロッキー山脈の踏破に向かう。

《ロッキー・マウンテン》

その旅は「ロッキー・マウンテン・ジム」と呼ばれる、山岳ガイドのジム・ニュージェント（Jim Nugent）と出逢う、いくぶんロマンティックな雰囲気の感じられるものとなった。ある不確かな、あくまで不確かな──情報──というより、口さがない「噂」程度の風説──によれば、小柄で病弱な中年（当時42歳）ヴィクトリアン女性と、金髪で日に焼けた酒浸りで隻眼の「ぞっと」させる風貌の45歳と覚しき無頼の山男との、不似合いなカップルの「コロラド・ロマンス物語」と言えるものであった。

このときのバードのロッキー山脈での日々は、A Lady's Life in the

Rocky Mountains (1879, London) として出版された)。

(日本語訳本は、小野崎晶裕訳『ロッキー山脈踏破行』(1997) 平凡社ライブラリーとして発行されている)

その記述によれば、バードとジムとの接触は5回程度に過ぎない。だが並の接触ではない。バードにとってジムは、ロッキー山脈最高峰(1万1000フィート) ロングズ・ピークの──文字どおり命懸けの──登攀を共に経験した──というよりジムはバードを捨て身でサポートしてくれた──相手である。下山途中の野宿の時に、ジムは青春時代の「絶望的な生活へ足を踏み入れる原因となったひどく悲しい話」をバードに明かしている。

ジムは家柄も良く大学教育も受けていたが、1873 年にバードのガイドとなるまでは、たいへん自堕落な暮らしをしていた。しかしバードとの出会いによって、それまでの無頼漢・ジムの生活は一変し、酒や喧嘩とはきっぱりと縁を切り、バードの好みを全て満足させるような優しくて思いやりがあり、親切なジェントルマンに変貌した。ロッキー山脈の旅行記では、再会を懇請するジムに、バードは誇りある生活を送るために守るべきいくつかの規律をアドバイスし、二人は再会を誓い合って別れる。旅行記は次の文章で閉じられる。

〔…〕山男ジムが金髪を日光になびかせ、素敵な雌馬にまたがってゆっくりと大草原の向こうのエステス・パークに帰っていきます。それには、私が八百マイルもの長旅をしたサドルがつけられていました。

"Jim," or Mr. Nugent, as I always scrupulously called him, told stories of his early youth, and of great sorrow which had led him

to embark on a lawless and desperate life.

I wrote to you for some time, while Mr. Nugent copied for himself the poems "In the Glen" and the latter half of "The River without Bridge", while he recited with deep feeling.〔 …〕He repeated.〔 …〕for the last time I urged upon him the necessity of a reformation in his life,〔 …〕"Too late ! too late!" he always answered, "for such a change." Ay too late. He shed tears quietly. "It might have been once," he said.

I never realized that my Rocky Mountain life was at an end, not even when I saw "Mountain Jim," with his golden hair yellow in the sunshine slowly leading the beautiful mare over the snowy plains back to Estes Park equipped on which I had ridden 800 miles!

【引用】 小野崎晶裕訳『ロッキー山脈踏破行』(1997) 平凡社、pp.341-342, 344
Bird, I. L. A lady's life in the Rocky Mountain, New York & London, G, P. Putnam 1900, pp.293-294, 296

英文はバードの心情も斟酌して和訳では略した部分も引用したが、残念なことに二人の再会が実現することはなかった。翌1874年7月、ジムは二人の思い出の場所――バードが「我が家」と呼んでいたエステス・パークの療養所――で、「ロッキー・マウンテン・ジム」に殺されるという考えに取り憑かれたウェールズ人――Griff Evans という、ジムともバードとも知人であった男――に頭を撃たれて死亡する。

※2. ロッキー山脈が南北を貫くコロラド州は、「アメリカのスイス」と呼ばれることがある。

この事件に関連する旅行記の記述は「九か月後に撃ち殺されたこの不幸な男」と冷淡に記されているが、このような運命をたどったジムに対して、別の箇所では「私が彼と交際したかぎりにおいては、彼の性格の暗い面よりもむしろ高潔な部分が目につきました。彼にも他人にも不幸なことに、彼の末路が悪かっただけに余計に彼の悪い面が強調されたむきがあります」と同情を寄せており、外見は無頼であってもジムに知性や教養のあることを認め、その自然への畏敬と鋭い感受性に共感していたことは間違いない。

複雑な感情を抱いていたバードに、ジム射殺の悲報が届いたのは、コロラド・ロッキー山脈を──あるいはジム・ニュージェントを──懐かしむための計画したスイス旅行の直前だった[※2]。

そして、その旅行先──スイスのリゾート地・インターラーケン──で、バードは異常な心霊現象を体験する。死亡した時と同じ狩猟服姿のジムが──再会の約束を果たすかのように──「礼儀正しい態度」に現れ、うやうやしく丁寧にお辞儀をして消えた。この神秘体験は英国の心理学専門誌にも取り上げられたという。

ついでに言うと、スイスにジムが現れた時刻は、ちょうどロッキー山脈でジムが亡くなったときと同時刻であったという、そう来なくっちゃというくらいお約束の結末になっている。

ここまで、ロッキー山脈踏破の旅に長々と触れているのは、次の理由による。第1に日本訪問前の最後の旅行で、かつ他の旅行記には見られない内心の動きが記されるなど、バードにとって長く心に残るものであり、それが日本各地の──そして奈良の──印象にも少なからず影響を

及ぼしているのではないかと思われること。第2に、そのような「特別な思い」の籠もった──と思われる──旅行記が、先の『The Hawaiian Archipelago』や『Unbeaten Trucks in Japan』と同様、妹・ヘンリエッタへの書簡の形式で書かれていることに注目しているからである。

さて、ロッキー山脈旅行に関わるスイスでの衝撃的出来事から半年後、ハワイ旅行記（『The Hawaiian Archipelago』）が刊行され、先に述べたように専門家から絶賛されたことで、バードは一流の旅行家・旅行作家として歩んでいく。

つまり、バードはハワイとロッキー・マウンテン（山脈とジム）の「記憶」と「形式」を抱えたまま、日本への旅に向かったのである。

《日本の変貌に立ち会いたい！》

その後、ロッキー山脈旅行記などの執筆に追われ、また探検家・リヴィングストンを偲び、アフリカ・インドの医療宣教師と看護婦を養成する「国立リヴィングストン記念専門学校」の設立（1877）に奔走しつつ、1877年の冬期から翌78年の2月まで、バードの頭は「日本」に占められていた。

幕府が消滅し、江戸が東京に変わったように、旧来の秩序が変化しているのに、一方で古い習慣・習俗が、しぶとく生き残っている日本。古い世界が、西洋的精神の息吹の中で絶え間なく変容しながら存在し続けている日本。

バードは、そのような日本のありように関心を持ち、どの歴史家の記述よりも速いスピードで、しかもローマの時代以来類例のないかた

ちで変身していく日本に立ち会う「とき」は、今しかない、そして、立ち会う「場所」は「内地(interior)」しかない、と考えたのである。しかし、先に触れたように、日本の「内地」は一般の外国人には開放されていなかった。東京その他の都市に長く居着くのではなく、「内地」を旅して、できるだけ「古い日本」と出逢いたいと考えていたバードにとって、この規制は致命的な障碍であった。そこに救いの手を差し出したのが、友人のミドゥルトン(公爵)夫人だった。彼女はアーガイル公爵を通して、当時の駐日イギリス公使・パークスと令夫人に、バード紹介の労をとった。

《バード、日本上陸》

1878年(明治11)4月1日、バードはミドゥルトン夫人の指示どおり、影響力のある日本在住者への40通の書簡と、風変わりな刺繍や装飾品の土産を抱えてエディンバラを出発した。ニューヨークからアメリカ大陸を横断してサンフランシスコに到着すると、5月3日、蒸気船「シティ・オブ・トキオ号(City of Tokio)」に乗船。「一八日間ずっと揺れながら『陰鬱な雨の多い海原』」を行き、5月20日の昼前には「江戸湾Gulf of Yedo」を進んで横浜に上陸した。

日本の地に、一躍大英帝国ヴィクトリア期の著名な女性旅行家となった、イザベラ・バードの最初の一歩が、刻印された。

《日光東照宮を経て蝦夷(北海道)へ》

バードは東京に到着すると諸準備を整え、6月10日に日光を経由して

北海道（蝦夷）に向かった。アイヌの人たちとの親密な交流の後、9月14日、函館から帰京に向けて乗船（兵庫丸、705トン／200馬力）するが、三陸沖で暴風雨に見舞われた。横浜港から東京に戻ったのは、9月18日であった。

その後、ほぼ3週間東京──英国公使館と思われる──で寛いだバードは、10月11日に東京を出発、横浜港を出て神戸に上陸した。

《伊勢神宮への旅》

神戸から有馬・三田を往復して神戸に戻り、大阪・京都を経て、宇治から奈良街道を下って奈良。そのまま三輪に南下し、伊勢街道を通って長谷（初瀬）から宇陀の山中を抜けて、伊勢神宮に向かった（参拝は11月10日）。

さて、関西旅行の往路1と月に及ぶ関西・伊勢の旅のうち、奈良滞在は1878（明治11年）11月5日～8日までの実質3日間、その足取りは次のとおりである。

- 明治11年（1878）11月5日の朝、宇治を出発。
- 同日の「晩」に、奈良の「宿屋」に到着。
- 11月6日、現在の奈良公園あたりを見学（鹿、春日大社、東大寺、正倉院）。
- この日のうちに三輪に移動、大神神社の近くに宿泊。
- 11月7日、初瀬（初瀬川、長谷寺）の美しさに感嘆する。
- 11月8日、宇陀から名張へ、山中を「美しい景色を見ながら」移動し、翌9日伊勢国山田に入り、10日に伊勢神宮（外宮）を参拝

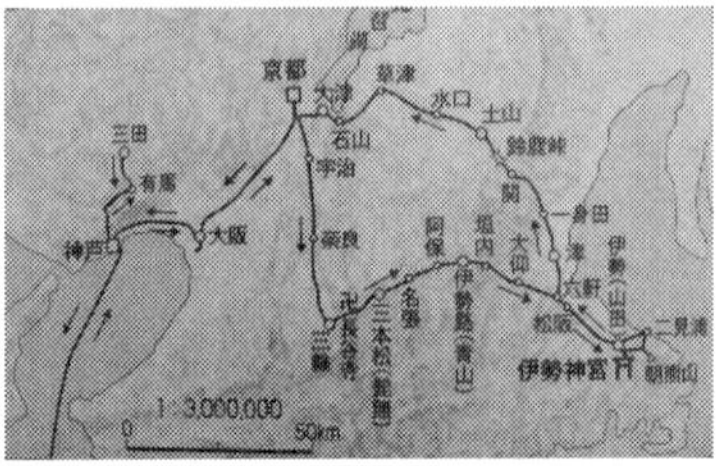

金坂清則『イザベラ・バードと日本の旅』
（平凡社、2014）P113 図3の一部

した。

『Unbeaten Trucks in Japan』を構成する書翰は全59通、「奈良」はその最後近くの第55通に登場する。以下、現在の奈良県域内におけるバードの足取りと、そこで見聞された風景文物及びその感想の記述をトレースしていく。

かぎ括弧内の引用文は、特に註記しない限り、下記の文献による。ただし〔和訳〕については、故あってその一部を改変し拙訳とした。また引用箇所は、引用対象とするページが一連で範囲が限られているため、逐一指示せず、その範囲を下記ように一括する。なお、当該箇所以外の引用は文中に番号を付し、頭注とした。いずれも諒とされたい。

【参考引用文献】

〔和訳〕：イザベラ・バード著／金坂清則訳注『完訳 日本奥地紀行』第1巻～第4巻（2012, 2013）平凡社東洋文庫（以下、『奥地紀行』）

〔引用箇所〕：第4巻 第55報、pp.109-128

〔原文〕：Bird, Isabella Lucy. *Unbeaten Trucks in Japan: An Account of Travels in the Interior, Including Visits to the Aborigines of Yezo and Shrines of Nikko and Ise, vol.* II, London, John Murray, 1881（以下、『Unbeaten Trucks』）

〔引用箇所〕：LETTER LV, pp.253-270

3．バードの無関心

《奈良街道のひどい宿》

1878（明治11年）11月5日午前8時、バードは「こぬか雨 a grey-brown

dizzle」の京都を発ち、奈良に向かった。同行者は、アメリカン・ボードの宣教師夫妻（オラメルとアンのギューリック夫妻 Mr. & Mrs. Gulickだった。

道中で見た伏見の家並みは「とても貧しそうな人々の住まい the dwellings of the poorest classes」だったが、「みすぼらしさも悪習(without) vice or squalor 」も感じられず、まさに「清貧industrious poverty」そのものであった。

家ごとに「大輪の菊の一輪立 one great, bulging chrysanthemum」が飾られ、休憩で立ち寄った「伏見稲荷大社の庭師も羨望のあまり取り乱す (such as would) drive Temple gardener wild with envy」であろうほどの見事さであった。

宇治に入り、何軒もの茶店が川（宇治川）に迫り出すように並んでいるのを見たバードは、「理想の茶屋という一枚の写真を見ることがあるとすれば、それはこの地の茶屋だと思ってよ（い）(if you see) a photograph of an ideal tea-house, you may be sure it as at Uji」と綴っている。

昼食をとった茶店の庭も「夢かと思うような峡谷が見え、眼下の小さな庭は紅葉した楓が真っ赤に輝いていた。非の打ち所のない理想の庭 over a miniature garden lighted by flaming maples. It was altogether ideal, and I felt that we were coarsely real and out of place !」と絶賛を惜しまない。

一方、天候は悪化の一方を辿る。

奈良が近づくにつれて雨足は激しくなり、バード一行は「二時間にも

わたってずぶ濡れ after two hours of through soaking」で歩かざるを得なかった。あたりが「真っ暗な中を奈良へと急いだ(we were) hurried into Nara in the darkness」バードは、「最初の〈宿屋〉が目に入るや〈人力車〉を飛び降りて shot out of our kurumas at the first yadoya we came to」しまったのだが、「畳は古く、天井は低く、客が溢れ、悪臭 with old mats, low ceilings, a thorough of travelers, and end of bad smells 」芬芬（ふんぷん）の、たいそう「ひどい宿 (it was) a bad inn」であった。

「車夫たちももっと先まで行くつもりは全くなかった the men evidently not being minded to run farther」というから、予め決めていた宿屋ではない。バードの旅は「それぞれの地の最もよい宿に宿泊することを原則と」していたとされるが、この日以降の記述からすると、伊勢神宮までの行程は、そのような通常のバードの宿屋選定パターンからは、かなり逸脱したものであったようだ。

この夜は、ひどい豪雨に耐えきれず、後先も考えず目に付いた宿屋に飛び込んだのだろうが、記述の内容から推すと、ほとんど木賃宿の風情である。京都からのルートは「人のよく通る道 well beaten track」というから奈良街道沿いの宿であろうが、詳しい地点も屋号も不明である。あるいは奈良の領内には入っていなかったのかもしれないが、少なくとも「真っ暗な中を奈良に急いだ into Nara」との表現からすると、バードの主観としては「奈良で最初の宿」であり、この「ひどい宿（it was）a bad inn」が、バードとって最初の奈良体験となったのである。

《奈良のまち。哀愁漂う、旧い帝都》

この宿は「蚤も蚊も季節はずれでいないto realise the fact that fleas and mosquitoes are at end for the season」ことだけが救いであったが、「すぐそばで人の気配がするのと、仲間の客〔車夫〕がみなごそごそとして寝なかったために寝られなかったwe could not sleep for the closeness of the air and the general restlessness of our fellow-travelers」と愚痴るバードであった。

それでも翌日(11月6日)になると、元気は回復したようで、生憎の「陰気な霧雨の一日だったa murky drizzle」が、「八世紀に七人の天皇が在位したこの旧い帝都I enjoyed the sights of the old imperial city, in which seven Mikados reigned in the eighth century」の見物に出かけている。

バードはそのときの印象を、次のように記している。

「この奈良については人は意見を異にする。私の知り合いにも、絶賛する人がいる一方でこき下ろす人がいるPeople differ about Nara. Some of my friends rave about it, other run it down」と。では、バード自身はどうかと言えば、その日は陰気な霧雨が降っていたが、「もやがかかっている時でさえ麗しい所だと思われたI thought it lovery even in the mist」と言い、こう続ける。「自然の見事な美しさが、宗教建築や古代の哀愁漂う衰微と相まっていや増しているのである。とても神々しくて目を惹きつけるwith great natural beauty heightened by religious art, and a grey melancholy of arrested decay, which is very solemn」と。

また「二万一〇〇〇人以上の人々が住むこの町(奈良)は、絵のように

※3　本文引用文献〔和訳〕p.65／〔原文〕p.214

※4　同、p.79／p.226

※5　同、p.79／p.227

※6　同、p.90／pp.236

美しい低い山並みの裾野にそって広がり、最高の英国庭園をすべて集めたかのようなその［山の］森［若草山］からは、古代大和のすばらしい景色を見渡すことができるThe town, which contains over 21,000 people, runs along the slope of range of picturesque hills, and from the forest, which in part resembles a collection of our finest English parks, there are magnificent vies over the ancient province of Yamato」。

当日は「朝早くから出かけ、その日一日近くいろんな見所を楽しんだWe went out early, and spent much of the day,」と記されているが、「ただの遊覧というようなものではなかったI cannot say in sight seeing」とも書いている。なぜなら、「広大なすばらしい公園や森をなす山［若草山］に広がる見所の大半は、宗教と結びついていたenjoying the sights, nearly all of which lie in the magnificent park or forest on the hill, and are mostly connected with religion」からだ。

バードの関西旅行の目的の1つは、日本の宗教事情の見聞であり、最初の訪問地・神戸では「神戸〔は〕開港場というよりも伝道の中心と〔思われ〕私がここに来たのも、一つには伝道事業の進み具合を見るためだったSomehow when one thinks of Kobe it is less as a Treaty Port than as a Mission centre※3」と記し、京都では「同志社女学校American Mission School for girls※4」や「同志社英学校the Kiyote College※5」を訪ね、京都市行政のキリスト教（徒）への扱いに疑問——と不満——を漏らしている※6。また、「仏教の数ある宗派やその分派にあって、私の関心を最も惹くのは親鸞が〔･･･〕創始し、時に門徒衆ともいわれる真宗であるOf many sects and subsects into which Buddhism is divided, none

※7 赤松連城(1841―1919):浄土真宗本願寺派僧侶。イギリスに留学し、教育制度を学んだ。島地黙雷とともに、政府の大教院設置を廃仏政策として反対した。後に仏教大学(現在の龍谷大学)学長を務めた。

interests me so much as the Shinshiu, sometimes called the Monto Sect, founded by Shinran※6」と言い、赤松連城※7と高度な宗教論を戦わせた。

そのときバードは、「(赤松連城は)キリスト教の研究者であるにとどまらず、深い思想家でもある—難解な思想家ではあるが。しかし、位階制のある仏教界きっての知恵者であり最も開明的だと見られているこの僧侶が、自らの形而上学と果てしなき輪廻転生の原理を本当に信じることができるのだろうかHe has deeply studied one or two branches of our literature, and is evidently a deep, though a metaphysical, thinker, as well as a student of Christianity. Can this priest, who is regarded as the ablest and most enlightened man in the Buddhist hierarchy, truly believe in his own metaphysic and in the doctrine of prolonged metempsychosis ?」と、赤松連城の見解に深遠な疑問を投げかけている。

対照的に、奈良においてそのような深みのある考察は一切ない。先に引用したように「すばらしい公園や森をなす山」と宗教との関連を言うのだが、それらがどのように「宗教と結びついていた」か等については—精神性はもとより—いささかの言及もなされていない。

《正倉院。異様なgodown(倉)》

この日、奈良でバードが強く関心を寄せたのは「巨大な木造の倉[正倉院] Among the most curious is a monstrous wooden magazine, made of heavy timbers」であった。いや、この「ちょっと想像もつかないような、単調で洗練さのかけらもない代物the most drearily uncouth

building that can be imagined」それ自体に興味を惹かれたのではない。この建物が「八世紀末［七八四年］に、奈良［平城京］から京都［長岡京］に遷る直前に造営され〔･･･〕天皇の調度品や宝物を安全に保管するため〔に〕六一年ごとに点検され、必要に応じて修理を施され今に至っているというit was built for the safe deposit of the Mikado,s furniture and property, just before the Court quitted Nara to Kiyôto at the end of the eighth century, and is said to have been examined every sixty-first year since, and repaired when necessary」「事実」に対してである。

【補記】 バードが記した正倉院の点検云々の情報源は分からないが、正倉院が、61年ごとに点検されてきたことを示す根拠は見当たらない。『正倉院整備記録 本文編』（宮内庁、平成27年）では創建以降の正倉に関する修理記録（及びその可能性を示す出来事）を20数回としている。江戸期には点検及び修理が3度行われたとするが、いずれも東大寺からの要望または奉行所からの願い出があったからで、定期的点検ではなく損傷に係るものと見られている。正倉院（正倉）の管理は江戸期まで一貫して朝廷の監督下で東大寺が担っていた。明治期に入ると扉の開閉については宮内省、宝物・正倉の管理所管は内務省（明治8年）、農商務省（明治14年）、宮内省（明治17年）と移った。バード来寧時は農商務省の専管であった。

さらに「もっと興味を惹かれるMore curious still」のは、「時の経過による破壊作用を一〇〇〇年に免れてきたという事実と、八世紀の目録に記載のある品々がここに伝わり、後世の収蔵品とは容易に識別されているという事実not only has a wooden building escaped the destructive agencies of a thousand years, but that the actual articles mentioned in

※8 at the rear of great temple は、「大刹(東大寺)裏」ではない。あまり知られていないが、「大仏殿の奥」に常設の展示スペースが設けられていた。展示品はもちろん宝物ではなく副製品か何かであっただろうが。

the inventory of the eighth are there, and can easily be distinguished from later accumlations」に対してであった。

また「少し前に博覧会がan exhibition at Nara not long ago」開かれ、そのときに展示された「複数の屏風や絵画、面［伎楽面］、書蹟、彫塑［白石板］、〔…〕円い石鹸石、銅の椀や皿、瑠璃や魚形、玳瑁製の「如意」、各一つの磁器とガラス器、袍や鈴、帽子、武具、種々の調度品、青銅の鏡、紙、陶磁器、木像等々〔の〕ほとんどはこの異様な「倉」に戻されている among the objects replaced in the monster " godown " were screens, pictures, masks, books, sculptures, soap in round cakes the size of quoits, copper bowls and dishes, beards and ornaments, tortoise-shell " back-scratchers " pottery and glass, dresses, bells, hats, weapons, and utensils of various kinds, bronzes, writing paper, clay statuettes, wooden statues, etc, etc.」と残念がるが、一方「今でもその正倉院の逸品のごく一部はこの大刹［東大寺］の裏で見ることができる※8 a few wonderful things from Imperial Treasury are still to be seen at the rear of great temple」との興味深いコメントも残している

この「博覧会」とは「奈良博覧会」を指し、1875年(明治8)年に第1回が開催され、1894年(明治27)まで計17、8回──明治31年までとする新聞記事もあり、詳細は明らかではない──開催されたと言われている。主たる目的は奈良の勧業殖産とされるが、古器旧物とりわけ正倉院宝物やその複製品も展示されて大評判を博し、その後の正倉院展の先駆けともなった。

1872年(明治5)に中央政府主導で始められた京都の博覧会では、期間

中「遊歩期（規）程」が緩和され、外国人の入京が許された——というより、外国人に出品を求めるために積極的に開放された——が、奈良博覧会では同様の措置はとられなかった。このため、展示品等に関する外国人の記録は、管見の限り、このバードの記述以外には見当たらない。

【補記】 博覧会そのものに関してではないが、アーネスト・サトウは1881年出版の自著で、「奈良には骨董商が多いが、二、三年前に当地で開かれた博覧会の際には大勢の人がやってきて価値ある正真正銘の古物のほとんどが購入され持ち去られてしまったCuriosity dealer around in Nara, but the Exhibitions which were held there a few years ago attracted many visitors, who purchased and carried away most of genuine antiquities of real values」との、これもまた、興味深い「事実（?）」を記している。

正倉院宝物には高い関心を示したバードだが、奈良公園の「鹿」については好印象を持てなかったようで「多数の聖なる鹿は、ここにあるいくつもの見ものの一つで、荘厳な杜や幅の広い道をうろうろし、煎餅を求めて人にしつこくついてくるAmong the many interesting things are a number of sacred deer, which wander about the majestic groves and avenues, and follow one about greedily, begging for cakes, which their pertinacity compels one to buy」と、煩わしさを露わにしている。

そして奈良の土産物については「旅行者はだれもが神聖な鹿の絵や鹿の角で作った簪やお守り、櫛を買う。そして有名な春日神社に大挙してやってくる参拝者はこのお守りや簪を帯からぶら下げているEvery one buys images of the sacred deer, hair-pins made from their horns,

charms and combs, and the pilgrims, who come in great numbers to the famous Shintô temple of Kasuga, sling these upon their girdles」と記してはいるが、バードが奈良土産としてそれら買ったそぶりは、うかがえない。

バードらは奈良から三輪に向かうのだが、その日が「一日近くを費やしたspent much of the day」とする11月6日の夕刻なのか、翌7日朝なのかは明記されていない。『奥地紀行』の訳注では「[5日の]夕方になってからオラメル・ギューリックがバードと妻と別れて神戸に向かったとは考えにくいことからすると、六日も奈良に泊まり、七日の朝に別れたと考えるのが自然」とするが、果たして「自然」な見方だろうか。

バードらは6日の「朝早くから出か」け、見物先は「旧い帝都」と言いながら、ほとんど春日大社から東大寺のあたりにかけた、奈良公園近辺から出ていない。ほぼ午前中でじゅうぶんな散策範囲である。

また、先の「ひどい宿」での記述には「それから後の宿屋は快適だったSince that night we have been incomfortable yadoyas」とあり、その夜も奈良で過ごしたとすれば、同じ宿屋ではあり得ない。バード自らの原則どおり、この地(奈良)の最もよい宿──例えば、Satowなら推奨したであろう「三笠山の麓にある絶景の宿」の武蔵野、あるいは奈良町の印判屋か小刀屋、少し北に戻ることになるが対山楼の角七といった当時の有名旅館──に泊まったはずだが、その夜の宿の印象は、何一つ書き残されていない。同訳注では「九日の夜には〔伊勢〕山田に確実に入っているので〔…〕若干無理はあるが〔…〕夕方近くに奈良を出〔たと〕考えておく」と苦しい胸の裡が吐露されているが、むしろ6日の午後に

は奈良を発っていた解釈した方が、無理がない。

見物に費やされた「一日day」とは、「日中」くらいの意味だろう。

訳注にまで難癖でもつけるように、どちらでも良さそうな旅程の詳細に拘わっているのは、一泊を要した見物にしては、神戸や京都と比較してバードの記述が質･量ともに余りにも薄いからである。もう一泊して、奈良を旅しようとする意気込みは、微塵も感じられない。一言でいえば「冷淡」なのだ。熱意がない。言葉の上では、確かに言い土地だと書いているし、褒めてはいないものの悪口も書いてはいない。あえていえば悪口すら書かれないくらいに関心が無い。奈良公園の周辺を時間潰しのようにぶらぶら散策して、その印象を書き流しているとしか思えないほど熱意がない。大仏殿には行っているはずなのに、奈良の大仏はおろか仏像についても何一つ触れていない。この姿勢は関心のあるものを探し回る、旅先ではサムソンのようだと称されたバードではない。

確かに「この町(奈良)は、絵のように美しい」と言い、「最高の英国庭園をすべて集めたかのような〔…〕古代大和のすばらしい景色」と書いてはいる。この記述からバードは奈良公園周辺を賞賛していると解釈する向きもある。だが端的に間違っている。バードが「旅行者」であることを忘れてはならない。どれほど英国の庭園がすばらしかろうと、海を渡ってまで見るべきものではない。バードは英国の庭園を鑑賞するために日本を訪れたわけではないのだ。奈良公園周辺を散策するバードは、明らかにヴィクトリアン・レディー・トラヴェラーのバードではない。

神戸は外国人居留地の実態を知るための、京都はキリスト教普及の状況と日本の宗教を学ぶための、そして伊勢は日本文化の本質を探るため

の、各々の旅行目的地であった。奈良では、それらに匹敵する目的が一向に見当たらない。奈良は、京都から伊勢に向かう順路の途中の──単なる──「経由地」に過ぎなかったのである。

東京以西のルートでは、伊勢神宮への訪問（参詣）が最大の目的であり、その日程が最優先されたたために、奈良での滞在が短くならざるを得ず、結果として旅行目的地とならなかったと考えたいところだが、それもバードの記述から読み取れない。

そもそもバードが「日本を訪れることにした」のは、先に触れたとおり、「日本には目新しいことや興味をひくものが特別に多く」あり、日本は「私を有頂天にさせるというより、調査研究の対象になる国」で、「その興味深さは予測を遙かに超えるものがあった」からだと、本書の冒頭に記されている。そのことからすると、どうやら奈良のまちには、バードにとって「目新しい」ことも「興味をひく」ものも多くはなく、旅人に楽しみや元気を与える要素にも乏しく、特に興味をひく土地ではなかったようである。

なぜ、奈良県最大の観光エリアがバードを惹きつけなかったのか、これが考察すべき第一のポイントとして浮かび上がる。

そのようなデスティネーションから外れていたであろう奈良見物のテンションの低さは、次の三輪の地にも引き継がれる。

《三輪の宿では「着こなし」談義と車夫の闖入》

三輪の宿についてバードは「部屋からは神社巡礼［参拝］で有名な神社［大神神社］に通じる松並木が見えた。すばらしかったdelightful

accommodation〔…〕with a fine view of an avenue of pine trees, which leads to a famous shrine of Shintô pilgrimage)」と、一応は記している。しかし、それは──たまたま──そういう見晴らしの利く部屋に通された、と言うだけのことで、それ以上に関心が深まらず、大神神社への訪問（参詣）に結びつくものではなかった。

バードらは外出もせず何をしていたのかというと、専ら「宿の女将と最初から大変和やかに打ち解けwe are always in very sociable terms with our hosts」て、日本と英国の女性たちの間で「着物の着方it did not look womanly or "correct" to wear t〔dresses〕as they do」に関する彼我の違いに花を咲かせていた。

この実にのどかな話題で盛り上がっていると、その華やいだ場に無粋な車夫が闖入し「畳の上に雁首揃えて正座し、深々と頭を下げたafter prostrating themselves, knelt in a row on the floor」のである。何事か思えば「周遊して京都に戻る一〇日間の旅に三人全員を雇ってほしいwe would engage the three for the ten days' journey round to Kiyotô」との嘆願であった。その理由を問うと、「『わしら〈もまた〉伊勢にお参りに行きたいんでさ！ We too wish to worship at Ise！』」という、なんとも締まりのないものだったとバードは嗤う。ほとんど旅行の趣旨とは無関係なエピソードだが、その車夫とのやりとりの記述に、「哀愁漂う」ほどの「旧い帝都」の見物記を遙かに上回る分量が割かれている。

バードにすれば、伊勢神宮に対する一般庶民の信仰を示す実例として描いたつもりかもしれないが、妹に書き送る内容にふさわしいとは思えない。むしろ特別に稿を立てた「伊勢神宮に関する覚書」で扱われるべ

き内容である。ここでは車夫が仕事ほしさの口実に持ち出した、座興めいた――そして見事なまでに緊張感を欠いた――笑い話を超えるものではないのだが、記述のボリュームだけで比較すれば、奈良のまちは、そして三輪の地も、粗野な車夫の浅知恵ほどにも評価されていなかった、ということになる。

4．バードの熱狂

《まるでスイスのよう！》

11月7日、三輪の朝は豪雨で明けた。

その雨の中「登山服に長靴という格好my mountain dress and high boots」という勇ましい――しかし、説明の難しい――スタイルで宿を発つ。一方「丈の長いスカートを重ねてはいている上に丈の長い防水コートを着たギューリック夫人は、四苦八苦しながら進むMrs. Gulick, who wore long skirts and a long waterproof cloak over them, 〔…〕had a hard time 」しかなかったが、それでも彼女らは快活さを失うことはなかった。

「事態が悪ければ悪いほど、またその日のうちに＜宿屋＞に着ける見込みがなくなればなくなるほど、私たちも車夫も元気よく笑うようになっていった。実際、本当に面白かった。本州北部にあってはこれに似た豪雨の日には気の滅入りそうになったのとは大違いだったthe worse it was and the more unlikely it seemed that we should reach yadoya for the night , more heartily we and the runners laughed. It was, in

truth, excellent fun, very unlike the dismalness of some equally rainy days in Northern Japan 」と言う。日光から北海道（蝦夷）に向かった列島北東部への旅行との比較している以上、この記述の中の「私たちwe」はギューリック夫人を含む関西旅行の一行を指していないことは明らかで、「元気よく」笑っているのは、登山スタイルのバード自身である。

この日の記述は当初、ぬかるみを歩く苦労談で終始する。だが、三輪を出て「一、二マイルfor a mile or two」進み出すあたりから、記述は俄然、活気を帯びていく。

それまでは、「［初瀬川］の河谷は幅が狭まり〔…〕山々が行く手をさえぎってthe valley contracted, a wall of finely outlined hills blocked it up」いたのだが、霧が晴れるや「突然、本当に得も言われぬ美しい山間の町［初瀬村］が眼前に姿を現したwe suddenly found ourselves in a most picturesque mountain town 」のである。

バードは、その美しい初瀬村の佇まいを、連打するように描いていく。

「［通りの］真ん中の石組みの水路を水が激しく流れ下り、滝のように流れ下る水の音が辺り一面に鳴り響いていた。廂が深く、屋根の勾配がきつく、色合いの暖かな家が通りに続き、その古風な趣は目を楽しませてくれた。家は急峻な山腹にある崖や階段状の所にも建っていた。〔…〕辺り一面、まるでスイスのようだった。a torrent rushing down a stone channel in the middle, waterfalls reverberating all around, warm－tinted, deep-waved, steep－roofed houses forming streets whose charming quaintness delights the eye, or perched on rocks or terraces on the steep hill－sides －Swiss all over」

左 『ロッキー旅行記』の口絵　　右 長谷寺

「ただ、高みに建ついくつもの土色の堂宇や、目もくようならむ岩棚に張り出すように組まれたすばらしい石垣の上にある僧侶の家々、そして山腹を上っていき、自然崇拝のいくつもの古い社へと通じる立派な石段の下に建つ赤い〈鳥居〉だけはスイス的ではなかった。社はまっ赤や黄金色に燃える楓の間から突き出た杉の巨木の木立に隠れていた。〔…〕But not Swiss are the grey temples on the heights, the priests' houses on grand, stone-faced embankments hanging over dizzy ledges, and the red tori at the feet of superb flights of stairs which lead up mountain sides to ancient shrines of nature worship, hidden among groves of gigantic cryptomeria, rising from among maples flaunting in scarlet and gold」と言われては、ここまで違っていてどこがスイスだよ、と突っ込みをいれたくなる。

《まるでハワイの峡谷！》

読む者の不審には構わず、「まったく思いもかけないことばかりだったし、外国人がよく訪れる訪れる所からも完全に外れていた。It was also unexpected, so off the beaten track of foreign travel」とバードの筆致は冴えわたる。そして、「私たちは詩歌に詠まれ、絵に描かれた日本で最も有名な名所の一つであると同時に、幾多の巡礼地の中でも最も有名な場所の一つに、図らずもやってきたのである。［ここそは］美しき長谷寺！ 私は一一月の雨に包まれたこの地の得も言われぬ美しさを決して忘れはしないと思った。we had tumbled unaware into one of the most famous places in Japan, celebrated in poetry and

左 『ハワイ旅行記』の口絵　　右 初瀬川

painting, and one of the most popular of the many places of pilgrimage. Beautiful Haśe－dera！I shall never forget its exquisite loveliness in the November rain」と、意図せず邂逅したかたちの長谷（初瀬）に——異常なまでに興奮し、「空腹であることも着ているものがずぶ濡れであることも忘れて長くたたずむ〔We〕forgot hunger and soaked clothes, and lingered long」バードであった。そして、この後スイスに続くもう一つの不似合いな地名、ハワイが登場する。

さながら「造物主がはるか彼方の島のさまざまな美を、この神々しい河谷で再現せんと全力を尽くされたかのようだNature, in this glorious valley, has done her best to simulate the beauties of a far－off island」と感嘆し、バード（たち）は「軌を一にして〔…〕『ハワイの峡谷！』〔We〕exclaimed simultaneously, "A Hawaiian gulch！"」と叫んでいた、と。

さらに、これほど記述しまくってきたにも関わらず「長谷寺について月並みな散文では記すのがむずかしいIt is hard to write plain prose about Haśe－dera」と溜息をついて、やがて「［後ろ］半分が岩の上に、［前］半分が岩の外側に迫り出した土台の上に造営されてbeing built half upon the rock and half upon a platform built out of the rock」いる、「観音［木像十一面観音立像］を祀る本堂the great temple to Kwan－non」にフォーカスしていく。

バードらは、「三つに折れ曲がった回廊状の壮大な敷石の石段［登廊］a flagged ascent in three zigzags, under a corridor」を上りながら、両側に広がる「石垣で囲んだ牡丹の花園の［牡丹園］beds of tree peonies on stone－faced embankments」、「各種の宗教建造物religious

※9　山川Yamagawaは、大和川の誤記・誤訳か。

buildings」、「灰色の壁とそり屋根をも〔つ〕さまざまな位階の僧侶が住む住まいmonks' houses with grey walls and sweeping roofs」や「舞台、社、石や銅の灯籠、説教所、学寮、勧学院、山門、偶像が［山腹］に展開し、山川※9が刻む峡谷を眼下に収めるように突き出した眺望のよい場所が至る所にあるという事実そのものが、この『長谷寺』の往時の隆盛を物語っているterraces, shrines, stone and bronze lanterns, chapels, libraries, gateways idols, one above another, and jutting out on every piece of vantage ground which hangs over the cleft of the Yamagawa※9, attest the former grandeur of this "Monastery of the Long Valley"」と長谷寺の諸施設を順次描き出し、この寺のありようと特徴を描述する。

《立ち去りがたい・名残惜しい場所》

一方、到着した「観音を安置する本堂The great temple of the Goddess of Mercy」はというと、「他のいくつもの有名寺院と同じで暗く薄汚れているし、安っぽい〈絵馬〉が掛かっている桁行六〇フィート［一八・三メートル］の外陣も、病を治す偉大な神として名高い賓頭盧像と同様、汚らしく、虫食い穴だらけである。本堂の端の椅子に座っているこの像の人間そっくりの姿は、なでられてすり減ってしまっている。礼堂［外陣］の奥の外壁には願掛けをした男女の髪が房になってかかっている。like several other popular temples, is dark and dingy ; and a hall outside, sixty feet long, devoted to the display of tawdry ex voto pictures, is as mangy and worm－eaten as a celebrated image of Binzuru, the great medicine god, who occupies a chair at one end of

※10　山川Yamaも上記同様、大和川か。

it, and is being rubbed out of all semblance of humanity. The outer wall of the back of the chapel is hung with tresses of the hair both of women and men, offered along with vows」と記している。ただし、この描述は、汚らしさへのバードの嫌悪感を表しているのではない。そうではなくて、後続する「本堂の舞台から眺めを見ていると去りがたい気持ちになってしまう〔which〕we were lost to leave」との感嘆を際立たせるための一種のレトリックであり、これほど汚らしくても、ここを立ち去ることができない、そこが強調されているのである。

そして「上へ上へと連なってくるいくつもの堂宇や、激しく流れる山川※10［初瀬川］の岸に不規則に折り重なるように展開する急勾配の屋根をもつ初瀬の家並み、また、山や森、楓が燃え立つような山腹が一望できるThe view from the temple platform, of height above height crowned with monastic buildings, of the steep－roofed houses of Haśe below, piled irregularly above the rushing Yama※10, and and of mountain, forest, and hill－sides aflame with maples, was one〔which we were lost to leave〕」ビューポイントから、さらに「愛宕山という名の変わった形をした尾根に至る急勾配のジグザグ道を上climbing a steep zigzag which leads up the face of a singular ridge, called Atagosan」って、「今一度『長谷寺』を見納めたwe looked our last upon the "Monastery of the Long Valley"」バードは、ついに最大限の賛辞を初瀬に贈るのだった。

「その時、私はこれまで日本で感じたことがなかったような名残惜しさを覚えたit was with regret that I have hardly felt elsewhere in

Japan」。

おそらくこれは、本書『Unbeaten Tracks』全編を通して、したがってバードの目に映った日本の風景・景観の中で、最高級の褒め言葉である。このあとも余韻を楽しむように、同じ光景がほぼ同様の表現でリフレインされ、長谷（初瀬）は「美と豊かさと平和に満ちた美しい地方だったa lovely region of beauty, industry, and peace」と結ばれる。

このような初瀬のインパクトは、京都を発って以降、雨に祟られた道中にあっても、伊勢到着後の感慨、すなわち「五日間旅をして〔…〕通過してきた所はたいていがまるで桃源郷で、すばらしい風景の連続だったA journey of five days〔…〕we have passed through lovely scenery, much of which altogether Arcadian」という、京都～伊勢旅行の印象形成の大部分を占めていると思われる。

5．熱狂の余韻

《宇陀路の風景の美しさ》

初瀬を出てからの伊勢街道（宇陀路）は、「道が険しくひどくぬかるんで〔…〕一時間に一マイル［一・六キロ］も進め〔we〕made less than a mile an hour, owing to the steepness and deep mud of the road」ず、さらに困ったことに「丸一日、馬一匹、歩いて旅する人一人見かけwe met never a horse or foot passenger the whole day」ない状況下、夕方にはギューリック夫人が、一行からはぐれてしまった。

家屋の隙間から漏れる光もない「真っ暗闇total darkness」の中で、

バードは大声を張り上げ「一軒の〈宿屋〉『ぬしや』の戸を開けてもらwe succeeded in getting the door of a yadoya opened」った。

しかし、宿の内部も外の闇と大差はなく、「〈土間〉に座って、果てのない暗闇のような空間を見やI sat for some time in the doma, looking into what appeared like immensity」ると、かろうじて「〈行灯〉の一条の光を通して、天井の高い真っ黒な部屋があり、数人の人影が煙の立ちこめる中を音もなくうごめいているのがぼんやりとわかるa lofty blackened space dimly visible by the light of an andon, in which some misty, magnified figures were gliding about in the smoke」といった程度であった。

宿の人の応援も頼み、ようやく「真っ暗闇の中をぐしょ濡れになったスカートを苦労して引きずりながら、よろめくようにstumbling bravely along in the pitch darkness, dragging her soaked clothes with difficulty,」歩いていたギューリック夫人を救助し、「じめじめした上に寒the dampness and cold」い部屋に戻ると、一日の疲れが襲い「すぐに眠りに落ちたwe were soon asleep」

翌11月8日、「夜明けにまるで無情の雨が降っているかのような音で目を覚ましたto be awoke at daylight by a sound as if of pitiless rain 」が、雨戸を開けて見た空は真っ青であった。その「雨が降っているかのような音」が何であったかは興味をそそるが、バードは記してくれていない。

バードら宿泊した「Nushitoyama inn」──これを『奥地紀行』の訳注では「ぬしや」とし、現在の宇陀市室生近辺にあった三本松の宿屋が充てられている──は、「美しい木津川［正しくは宇陀川］の急崖の上にあ

り〔…〕一台の上射式水車や、〔…〕桃色の花を付けた一本の大きな椿［正しくは山茶花］、棕櫚、蜜柑［正しくは柚子］、竹の林、折り重なって建っている急勾配の屋根をもつ民家など〔…〕まるで秋の美を表す一種の絵画〔Nushitoyama inn〕is on abrupt height above the beautiful Kitsugawa, and its balcony looks down upon a sharp curve of the river, 〔…〕A little mill with an overshot wheel, 〔…〕a great camellia tree loaded with pink blossoms, parms (Choemerops excels), oranges, bamboo groves, steep－roofed houses rising one above the other〔…〕made a picture of autumn beauty」のようであった。

バードらが、その「風景の美しさを称えるとwhen we admired」、「宿の女将our hostess」は「身を震わせ、もう六週間もすればこの美しい村も世界から閉ざされてしまうのです、と言った〔our hostess〕shivered〔 …〕and said that another six weeks would shut out her beautiful village from the world」とバードは記し、「千年前のいくつもの短歌には、到来する冬をみつめる日本の農民の恐怖心が詠まれているodes of a thousand years ago represent the dread with which the Japanese peasant contemplates the coming winter」と続け、ディキンズ訳による源宗于朝臣の歌（「山里は冬ぞさびしさまさりける 人めも草も枯れぬと思へば」）を引用している。残念ながら、歌の素養のない非才の身には、これが冬に対する「農民の恐怖心」を適切に表現した和歌であるかどうか、判断がつかない。

《竹籠と椎茸への関心》

この日（11月8日）は「輝く陽光に包まれた美しい風景を見ながら〔…〕一日楽しく旅したwe had a delightful day' s journey lovely scenery in brilliant sunshine 」バードたちであったが、「かなりの距離を歩かねばならなかった。〔we had to〕do a good deal of walking」なぜなら、「人々が収穫作業にとても忙しかったために［車夫の仕事に就かず］」、「〈人力車〉をもう一台雇うことができthe people were so busy with their harvest work that we could not get a third kuruma」なかったからだ。

収穫される農作物が何であるかは、わからない。時期からして米ではないとすれば、野菜か根菜類だったのだろうか。

宇陀川の流路に沿って道を進み、「名張というかなり大きな町でその川を横切った〔the road〕crosses at the considerable town of Nobara」のだが、「渡った橋は木橋で、中に石がいっぱい詰まった直径八フィート［二・四メートル］もある竹籠［蛇籠］で護られていたa bridge of planks supported〔…〕bamboo crees eight feet in diameter, filled with stones 」と記し、「この地方では他の橋もこのようになっていたas many others are in that region」と附記している。

また、途中で椎茸栽培を見つけ「大和国と伊勢国はこの栽培で有名だとのことだったI leaned〔…〕the mushroom culture for which the provinces of Yamato and Iśe are famous」との伝聞を記し、椎茸が日本では日常的な食材で、「茶色っぽい汁が入った煮物の、ぞっとするような具の一つで〔…〕生の時には何の味もしないのに、乾燥させると非常に高い香りがすることもあって、その需要は大変なものThey are

among the brown horrors in a brown liquid, 〔…〕 there is an immense demand for them, specially for a kind tasteless when fresh, but highly flavoured when dry」と続け、「その生産には多くの技術が必要とされるMuch skill is brought to bear on their production」として詳細に栽培技術に触れた後、「自分たちで食材を得る日本人の創意工夫にはまったく驚嘆に値するものがあるThe ingenuity of the Japanese in providing themselves with food is quite marvellous」と括る。

《奈良を出ると寒い土地》

このあとバード一行は、名張の警察で「内地旅行免状〔…〕の形式there was an informality in our passports」不備が疑われて「二十分も面倒な目にあthe police bothered us for twenty minutes」い、阿保では「感じのわるい宿の主人a disagreeable innkeeper」に客引きされそうになるが、太陽が沈む頃には「青山という山間の荒涼とした小集落we reached the wild little mountain hamlet of Awoyama」に到着する。

バードらは、「歩く以外なすすべもないほど寒it was too cold for anything but walking」い「この冬最初に寒波The first chill of the winter 」に震えながら、湿っぽく薄暗い宿の部屋で「オートミールの粥をこしらえcooked our stir-about」て、「震えながらやかんのかかった〈火鉢〉にへばりつくようにしてshivered, hugged hibachis and kettles」、飢えと寒さを凌ぐしかなかった。

11月9日、「寒々として風が強く、すっきりしない朝still shivering, to find a bleak, windy, and dubious morning」に、「ご飯に玉子［生玉子］と

いうrice and eggs」わびしい食事に辟易しながらも、午後には「もう、[国境]の山々を越えby the afternoon we had got through the mountains」ていた。

《伊勢神宮参道での不快感》

11月10日、予定どおり「午前中に英国式の礼拝の言葉を声に出して詠We read the English service in the morning」み、午後には「神々しい杜に包まれた〔伊勢神宮の〕外宮を訪れたvisited the Gekû shrine」のだった。

バードが「神聖さという点で神社の頂点を占め〔…〕イスラム教徒にとってのメッカ、ギリシア人やラテン民族にとってのエルサレムの聖地rank first among Sintô shrines in point of sanctity,〔…〕something of what Mecca is to Mussulmen, and the Holy Places of Jerusalem to Greeks and Latins」と形容する、伊勢神宮の参道に到着するや記したことは、次のような苦言であった。

「この国では売春と宗教が外観上は共存していることが多い。巡礼者が訪れる大きな神社ではほとんどの場合、ふしだらな人間が集まる遊所で囲まれている。外宮と内宮を結ぶ立派な通りほどこれらがうんざりするくらい多い所は他にない。Vice and religion are apt to be in seeming alliance in this country ; the great shrine of pilgrimage are nearly always surrounded by the resorts of the dissolute, and nowhere are these so painfully numerous as on the stately road which connects the Gekû with Naiku shrine, three miles off」という、日本にとっては大

変不面目な、しかし当時の日本人には奇異とは感じられない不幸な事実であった。

《日本旅行の終わり》

伊勢神宮への参詣をすませると、11月11日伊勢山田を発ち、津から鈴鹿峠を越えて草津、大津をへて京都に戻り（11月15日）、1と月前の往路を逆進して大阪から神戸（12月3日）で乗船して横浜に帰港、東京（英国公使館）に戻る。

その後の10日間は「あちこちに行楽に出かけたり、買い物をしたり、上流社会の晩餐館に何度か出かけたり、別れの挨拶にまわったり、〔…〕いくつかの有名な杜、池上の寺院［池上本門寺］や江ノ島と鎌倉を訪ねたりしているうちに、時間が流れるように過ぎ12月19日、横浜港を出港した。船上から沈む夕陽を眺めたバードは、そのときの光景を「紫色の森の背後には富士山がそびえ、その雪をかぶった頂きは朝日に赤く輝いていた」と記している。

7か月に及んだバードの未踏unbeatenの日本の内地interior旅行は、そのような美しい言葉で幕を閉じた。

Continue to next time

終業のチャイム――次の「はじまり」へ

さて、ここまでイザベラ・バードの『Unbeaten Trucks in Japan』(『奥地紀行』)の記述から、いくらか前後の期間も含めて、ちょっと普通の感覚とはちがった奈良の印象、バードに映っていた奈良のイメージを追ってきました。

それは、端的に言えば奈良公園周辺は極めて単調かつ冷淡に描かれ、、東大寺の大仏や春日大社に立ち寄った気配も見られず、親しげに近づいてくる「鹿」にさえ、煩わしいとしか感じなかったバードの「無関心」さと、これとは逆に桜井の長谷(初瀬)での――そう言って良ければ――スイスやハワイという普通には結びつきそうにない土地の名前まで口にする異常なまでに興奮を露わにした、バードの「熱狂」ぶりです。

すでに規定の枚数、いや失礼、講義時間を超過しています。今回はここまでとし、次回はいよいよ、バードの熱狂と無関心の理由を考察していきたいと思います。

お楽しみに。

イザベラ・バード略年譜

（1831－1904；Isabella Lucy Bird ／ Mrs. J.F. Bishop）

※内外の複数の資料をもとに、中島作成。

1831年：10月15日、イングランド・ヨークシャー・パラブリッジで、父・エドワード（Edward）と母・ドーラ（Dora）の長女として出生。

※父・エドワードは聖職者の家系、このころは英国国教会の牧師。母・ドーラも聖職者の家系

1832年：バークシャー・メイドゥンヘッドに転居。

1834年：チェシャー・タッテンホールに転居。妹・ヘンリエッタ（Henrietta）出生（11月）。

1842年：バーミンガムに転居。

1848年：ハンテインドンシャーのワイトンに転居。

1850年：夏期、家族旅行でスコットランド・ウェストハイランドやヘブリディーズ諸島へ。以後恒例に。

1854年：6月～12月、カナダ・アメリカの旅。（※バードの最初の外国旅行）

1856年：『英国女性の見たアメリカ』を出版（1月）。

1857年：初夏～1858年4月、再びカナダ・アメリカの旅。

1858年：父・エドワード死去（5月）。

1859年：夏期3週間、アイルランドの旅。『アメリカ合衆国のキリスト教の諸相Aspects』を出版。

1860年：一家でエディンバラに転居。雑誌への投稿本格化。社会的慈善活動を開始。

1861年：移民送り出し活動のため、ヘブリディーズ諸島訪問を重ねる（～

1865年)。
1866年：母・ドーラ死去(8月)。妹と別れてイザベラはロンドンへ転居。
1869年：『エディンバラ旧市街覚書』を出版(2月)。
1872年：7月〜12月、オーストラリア、ニュージーランドの旅。
1873年：1月〜8月、サンドイッチ(ハワイ)諸島の旅(ニュージーランドから出航)。
1873年：8月〜1874年1月、ロッキー山脈の旅。ジム・ニュージェント(Jim Nugent／Rocky Mountain Jim)と出会う。
1875年：『ハワイ諸島』を出版(2月)。
1878年：4月〜12月5月、在日英国公使・パークスらの支援の下で日本の旅。
※1878年(明治11)11月5日 ― 11月8日、奈良・大和の旅
1878年：12月〜1879年2月、中国・広東、香港、サイゴン、マレー半島の旅。
1879年：4月〜5月、シナイ半島の旅。この後、帰国。
1879年：『英国女性ロッキー山脈滞在記』を出版(10月)。
1880年：妹・ヘンリエッタ死去(6月)。
1880年：『日本の未踏の地』2巻本を出版(10月)。
1881年：妹の主治医であった医師・ジョン・ビショップと結婚(3月)。
1883年：『黄金半島とその彼方』を出版(4月)。
1885年：『日本の未踏の地』(簡略本)を出版(6月)。
1886年：夫・ジョン死亡(3月)。
1886年：インドの医療伝道会訪問を計画(11月)。
1887年：講演活動に着手(1月)。
1887年：4月〜6月、ロンドン・セントメアリー病院で看護術を学ぶ。

1887年：12月～1888年1月、アイルランドの旅。

1889年：2月～12月、カシミールと小チベットの旅。夫と妹を記念し、2つの病院を設立。

1889年：12月～1890年12月、ペルシャ及びクルディスタンの旅

1891年：王立スコットランド地理学協会特別会員に選出（11月）。

1891年：『ペルシャ・クルディスタン紀行』を出版（12月）。

1892年：王立地理学協会初の女性特別会員に選出（12月）。

1893年：ロンドンで写真術を学ぶ（4月）。

1893年：高名な旅行家としてヴィクトリア女王に拝謁（5月）。

1893年：英国教会伝道協会の支援団体グリーナーズ・ユニオンの年次総会で講演（11月）。

1894年：『チベット人の中にて』を出版（2月）。

1894年：1月～1897年3月、極東の旅。

1894年：4月～10月、漢江流域の舟旅の後、奉天と北京に滞在。

1894年：10月～1895年2月、沿海州の旅の後、ソウルに滞在。

1895年：2月～6月、香港、中国治岸の諸都市の旅。漢口訪問。

1895年：6月～10月、東京、伊香保、日光などに滞在。閔妃暗殺の噂を聞き、ソウルへ。

※東京滞在中の6月、英国国教会日本宣教主教ビカステスに孤児院建設資金を寄付。

1895年：10月～11月、ソウル滞在の後、韓半島北西部の旅。

1895年：12月～1896年6月、揚子江流域とその奥地の旅。

1896年：6月～9月、日本に滞在。熊本、東京、日光、湯元などを訪れる。

1896年：コロタイプ印刷・製本の写真集『極東の風景』を東京で出版（秋ころ）。

1896年：10月～1897年1月、ソウルに滞在。

1897年：5月～11月、英国各地で講演。雑誌等の収載作品と著書の執筆。

1898年：『朝鮮とその隣国』を出版（1月）。

1899年：『揚子江流域とその奥地』を出版（11月）。

1900年：『新版日本の未踏の地』と『中国写真集』を出版。

1900年：12月～1901年7月、モロッコの旅（※バードの最後の外国旅行）

1901年：8月～1903年8月、講演と雑誌等の収載作品の執筆

1903年：病に倒れ、エディンバラに戻る（8月）。

1904年：10月7日、エディンバラで死去。（享年七十三）。ディーン墓地に両親や妹・夫とともに眠る。

1905年：妹を記念する時計塔が、バードの遺志により建設される。

奈良県立大学ユーラシア研究センター学術叢書シリーズ3
vol.3 奈良に蒔かれた言葉Ⅲ 近世・近代の思想

2024年3月31日　初版第一刷発行

編　著　者：奈良県立大学ユーラシア研究センター
責任編集者：中島敬介（ユーラシア研究センター特任准教授・副センター長）

発　行　所：京阪奈情報教育出版株式会社
〒630-8325
奈良市西木辻町139番地の6
URL：http://narahon.com/　Tel：0742-94-4567
印　　　刷：共同プリント株式会社

ISBN978-4-87806-834-8